ROBERTA BENTO E TAÍS BENTO

Guia para família
PARCEIRA DA ESCOLA

NO PÓS-PANDEMIA

© Pingue Pongue Edições e Brinquedos Pedagógicos LTDA
© Roberta Bento e Taís Bento, 2022

PRODUÇÃO EDITORIAL
Pingue Pongue Educação

DIREÇÃO DE ARTE E DESIGN
Mayra Martins

ILUSTRAÇÃO DA P. 83
Guilherme Bento

ILUSTRAÇÃO MANDALA
Marcelo Vinicius Bento

REVISÕES
Roberta Saliba Rodrigues
Rosangela Muricy

IMPRESSÃO
Plena Print

FSC
www.fsc.org
MISTO
Papel | Apoiando
o manejo florestal
responsável
FSC® C140275

Dados Internacionais de Catalogação na Publicação (CIP)
(Câmara Brasileira do Livro, SP, Brasil)

Bento, Roberta
  Guia para família parceira da escola : no
pós-pandemia / Roberta Bento, Taís Bento. -- 1. ed.
-- Barueri, SP : Pingue Pongue Edições e Brinquedos
Pedagógicos, 2023.

  ISBN 978-65-84504-32-5

  1. Crianças e adolescentes 2. COVID-19 - Pandemia
3. Distanciamento social 4. Educação 5. Família e
escola 6. Saúde emocional I. Bento, Taís. II. Título.

23-175487   CDD-371.192

Índices para catálogo sistemático:
1. Família e escola : Educação 371.192
Tábata Alves da Silva - Bibliotecária - CRB-8/9253

Este livro atende às normas do Novo Acordo Ortográfico, em vigor desde janeiro de 2009.

Pingue Pongue Edições e Brinquedos Pedagógicos LTDA.
Avenida Sagitário, 138, 108ª, Sítio Tamboré Alphaville, Barueri-SP, CEP 06473-073
contato@pinguepongueeducacao.com.br

ROBERTA BENTO E TAÍS BENTO

Guia para família
PARCEIRA DA ESCOLA
NO PÓS-PANDEMIA

Sumário

Introdução

Não é só impressão, educar um filho realmente
se tornou um desafio maior nos dias atuais.

Depois de atingir mais de 1 milhão de famílias e escolas (entre palestras, *lives*, consultorias e cursos), nosso objetivo com este livro é que ele seja uma rede de apoio para família e escola.

Não somente os estudantes, mas também os professores e as famílias ainda sofrem as sequelas da pandemia.

O período prolongado em que nossas crianças e adolescentes ficaram fechados dentro de casa, sem o convívio com familiares, colegas de classe e equipe de profissionais da escola, acentuou algumas dificuldades que já vinham sendo detectadas. A convivência com outros colegas de faixa etária semelhante, o enfrentamento dos desafios que fazem parte da vida no mundo real (como paciência, respeito às diferenças, persistência e capacidade para lidar com frustrações), tudo isso se tornou um grande emaranhado no qual estão envolvidos família, escola e, especialmente, os alunos. Mesmo após o retorno à escola, com aulas presenciais, os desafios continuam. Vamos precisar, mais do que nunca, da parceria Família-Escola para vencer essa batalha. É nossa responsabilidade garantir que crianças e adolescentes retomem o potencial pleno de aprendizagem e equilíbrio socioemocional.

A escola vai precisar ajudar os pais a entender o impacto enorme que a rotina em família exerce no processo de aprendizagem. O dia a dia den-

tro de casa afeta diretamente a trajetória do aluno no restabelecimento do equilíbrio emocional e cognitivo e no desenvolvimento de habilidades para o convívio social.

E todo esforço para a parceria entre família e escola se justifica não somente porque a escola e a família precisam enfrentar juntas tantos desafios. Mais que isso, é essencial que nossas crianças e adolescentes sintam a segurança que posturas coerentes e coordenadas entre professor e pais gera.

Quando crianças ou adolescentes sentem que há uma ruptura e incoerência entre o que a escola coloca como limites e responsabilidades e aquilo que os pais comentam ou estabelecem também dentro de casa, fica ainda mais que possam ser para os estudantes participativos, interessados e conscientes do potencial que possuem. Autoestima e regulação das próprias emoções são prejudicadas, tornando mais difícil a relação com os estudos, com os colegas, professores, gestores e até mesmo com a família.

Este livro foi feito para servir de elo na relação de família e escola. Um guia em tempos tão desafiadores na educação. Esperamos que seja fonte de muita luz para pequenos ajustes de rotina que vão permitir a nossos filhos e alunos desenvolver a motivação para os estudos e as competências para uma vida mais leve, na escola e dentro de casa!

Capítulo 1

Será que nossos filhos e alunos vão levar para o resto da vida as consequências negativas **deixadas pelo período de isolamento** e falta de equilíbrio no tempo de telas?

Em um vilarejo distante, isolado em uma colina, vivia um sábio que recebia pessoas de todas as partes do mundo. Elas vinham com suas dúvidas e as questões mais intrigantes sobre os desafios que a vida traz.

Para os jovens que residiam no vilarejo, era bastante curioso observar como as pessoas pareciam tristes e desoladas no caminho de ida até a colina, mas leves e esperançosas ao retornar da conversa com o sábio.

Um desses jovens decidiu que iria arrumar uma maneira de enganar o sábio. Afinal, como poderia haver alguém que sempre tem a resposta para todas as aflições trazidas por pessoas de lugares, culturas e idades tão diferentes? Foi assim que o jovem arquitetou um plano, diante do qual, pensou ele, o sábio não teria a mínima chance de ter a resposta correta. A ideia era capturar uma borboleta e levá-la escondida entre suas duas mãos. Chegando na cabana, diante do sábio, o jovem faria a seguinte pergunta:

"Mestre, o que tenho entre minhas mãos está vivo ou está morto?"

Caso o sábio respondesse "está morto", o jovem abriria as mãos e a borboleta voaria. E se dissesse "está vivo", o rapaz faria uma leve pressão, facilmente esmagando a borboleta e mostrando, da mesma forma, que o sábio teria, pela primeira vez, errado sua resposta.

Dias depois, o jovem colocou seu plano em prática. Assim que chegou sua vez de conversar com o sábio, ele fez a pergunta:

"Mestre, se o senhor é realmente capaz de dar sempre a resposta correta, eu tenho uma pergunta: o que tenho comigo está vivo, ou está morto?"

"As palavras do mestre para o jovem foram:

"Meu filho, a resposta está em suas mãos!"

Assim termina essa parábola, de autor desconhecido.

E aqui entra nossa pergunta para você: o que essa história tem a ver com a parceria entre Família e Escola?

Especialmente depois do longo período em que nossas crianças e adolescentes precisaram ficar longe da escola, durante o período da pandemia, muitos de nós, educadores, pais, responsáveis por crianças e jovens na idade escolar, temos questionado se a escola vai dar conta de reverter as enormes lacunas de aprendizagem e de habilidades de convívio social que ficaram como sequelas para nossos estudantes.

Seja você um professor, um gestor escolar, um profissional que atua na educação ou um pai, mãe, um dos avós ou responsável por um aluno, precisamos lembrar que para a pergunta:

"Será que nossas crianças e adolescentes vão levar para o resto da vida as consequências negativas deixadas pelo período de isolamento, aulas remotas, falta de contato com a escola, dificuldade em aprender à distância e falta de equilíbrio no tempo de telas?"

A única certeza que podemos ter é: A resposta está em nossas mãos! Uma mão representa a Escola; e a outra, a Família.

A borboleta simboliza a beleza e fragilidade das nossas crianças e adolescentes.

Sem o apoio equilibrado dessas duas mãos, da escola e da família juntas, em sintonia, formando uma parceria de vida, essa borboleta jamais saberá o quanto ela é encantadora, com um enorme potencial para alçar os voos que sonhar, construindo o futuro que ela desejar! Fica então, para as Famílias, muitas dúvidas sobre como estabelecer essa parceria com a escola de forma a garantir que esta mão, a dos responsáveis, não seja demasiada aberta para que a borboleta não voe, antes do tempo, nem tão fechada para não esmagá-la ainda no casulo. Na busca por esse equilíbrio, em tempos tão desafiadores, trazemos o **Guia para a Família Parceira da Escola**.

A certeza de que o segredo para a história de superação que nossas crianças e adolescentes vão escrever está nesta parceria, vem da nossa própria história de vida. Eu, Roberta Bento, e minha filha Taís somos a prova viva de uma parceria entre escola e família que deu certo.

Para conhecer um pouco mais sobre nossa trajetória e paixão pela educação, sugerimos o TEDex: "O Extraordinário Poder da Família e da Escola", disponível on-line.

Você pode acessar pelo QRCode acima ou pelo *site:*

WWW.SOSEDUCACAO.COM.BR/TEDEXROBERTABENTO

Capítulo 2

Principais problemas **gerados pelo isolamento** de nossas cria...

Duas características das famílias nos dias atuais contribuem para muitas das situações de estresse na relação das crianças com a escola.

A primeira é o número menor de filhos. E a segunda é o isolamento das famílias, seja por questão de segurança, seja por falta de tempo, seja mudança de cidade gerada pelo trabalho dos pais. Nossas crianças têm vivido uma primeira infância muito solitária. E o período que precisamos passar em distanciamento social, por causa da pandemia, só agravou os desafios na educação da nova geração de crianças e adolescentes.

O simples fato de termos famílias menores já tira de nossos filhos preciosos momentos de compartilhamento que tínhamos com nossos irmãos, seja da atenção, seja do brinquedo, seja pela vez de usar o banheiro. Precisamos ensinar nossos filhos a conviver com outras crianças. Essa aprendizagem precisa acontecer na prática, enquanto convivem com primos, vizinhos, filhos de amigos dos pais.

Seu filho precisa de outras crianças para aprender a ser e a conviver. Caso contrário, corremos risco de ter nossas crianças em pontos sempre extremos: seu filho será o que bate ou o que apanha?; o que pratica ou o que sofre *bullying*; o que chora para não entrar na escola ou o que chora porque não quer ir embora?; o que se cobra para ser o foco o tempo todo ou o que se esconde para não ser visto? Crianças não têm como buscar sozinhas o equilíbrio. Adultos não conseguem ferramentas suficientes para ajudar nesse desafio sozinhos. Precisamos buscar primos, colegas, vizinhos, para que possamos guiar e observar nossos filhos no convívio social.

Para que seu filho possa conviver de forma tranquila na escola, ele precisa ser preparado para esse desafio. E o tamanho dos obstáculos a serem vencidos varia de acordo com a experiência que a criança teve na família, desde o nascimento.

 Estranho, porque em casa meu filho **nunca fez isso**! Deve ser alguma coisa na escola que está causando esse reação."

Se a criança vive somente no meio de adultos, quando vai para a escola, além da separação dos responsáveis, que são referência de segurança para ela, terá o desafio de estar entre outros alunos com as mesmas necessidades, porém sem os pais.

E se você acha que o maior desafio do professor é dar conta de todas as crianças que não desenvolveram em casa a base de habilidades para convivência social, está enganado. Mais difícil que isso é escrever na agenda do seu filho que ele mordeu, foi mordido, bateu ou apanhou. E depois receber cada um dos pais querendo saber que providência a escola tomou contra a outra criança ou em relação aos pais dela.

Ambas as famílias, da criança que bateu e da criança que "apanhou" têm uma postura muito parecida: "em casa isso nunca aconteceu, a escola tem que tomar uma providência." Sim, a escola precisa ajudar os pais a entenderem que as crianças precisam conviver com outras crianças em família.

Não somente as crianças precisam aprender a compartilhar o brinquedo, a atenção dos adultos, o espaço em que estão. Os pais precisam de oportunidade para descobrir como seus filhos reagem quando não são os únicos, quando não têm suas necessidades antecipadas ou atendidas imediatamente.

As crianças precisam de oportunidades para aprender o que é aceitável e como desenvolver a capacidade da autorregulação. Conhecer as reações do seu filho em situações semelhantes à que ele vive na escola ajuda também a desenvolver uma relação de confiança entre vocês, pais ou responsáveis, e a professora. Só assim é possível haver uma relação de parceria com a escola e garantir que seu filho esteja se desenvolvendo plenamente!

Conviver com outras crianças é necessário também para a formação da própria identidade. É importante incentivar nossos filhos a questionar e falar sobre as próprias características. Assim, ajudamos a evitar que, mais tarde, eles sejam um alvo fácil do *bullying*, como vítima ou agressor.

> *Ao se comparar com outras crianças, seu filho se prepara para aceitar suas próprias características e respeitar as diferenças que encontrar. Assim começa a prevenção contra o **bullying**: dentro de casa!*

É nosso papel agir para que as crianças entendam que ser mais baixo, ter a cor ou tipo de cabelo diferente dos amigos ou primos não torna ninguém mais ou menos importante ou capaz. Se o contexto for criado, seu filho vai trazer as dúvidas. E nesse momento você tem o poder de imunizá-lo contra os efeitos do preconceito e do *bullying*.

Aceitar-se é a base para respeitar as diferenças. Seu filho precisa aprender que alguns colegas têm mais habilidade que ele em alguns esportes ou brincadeiras, e que isso não o torna inferior. Assim como ele tem uma capacidade infinita para se desenvolver a partir da prática daquilo que escolher fazer. A participação dos pais e a convivência com outras crianças são essenciais para esse aprendizado!

Ter somente o pai, a mãe ou outro adulto como companheiro de brincadeira é um caminho que leva a criança a preferir o isolamento quando um desses três não estiverem disponíveis.

Algumas consequências negativas da falta de convivência com outras crianças na mesma faixa de idade, especialmente nos momentos de brincadeira, acabam se estendendo para a escola. Brincar com crianças da mesma idade ajuda a desenvolver, entre outras habilidades, a paciência. Em qualquer fase da vida, essa habilidade é essencial.

No caso da criança, a paciência vai fazer falta, já nos primeiros anos da Educação Infantil; depois, de forma mais visível, no processo de alfabetização e também na aprendizagem de conteúdos mais complexos. A escola é um ambiente que ajuda a estimular a criança a desenvolver e praticar essa habilidade. A base, porém, requer o envolvimento da família.

Seu filho precisa brincar com outras crianças de idade próxima para desenvolver capacidade de lidar com frustração e resiliência. Essas habilidades são fundamentais para uma convivência tranquila na escola.

É preciso garantir que seu filho tenha que enfrentar o desafio de conviver com seus semelhantes desde muito pequeno.

Sim, essa experiência é repleta de momentos de frustração.

As crianças da mesma idade querem sempre o brinquedo que a outra pegou. Isso gera frustração.

Eis mais um sentimento que precisa ser vivido para que a capacidade de lidar com ele seja desenvolvida.

Quando tiver conseguido superar o desafio de, por exemplo, compartilhar um brinquedo, seu filho terá aprendido sobre a resiliência, que é a capacidade de retomar o equilíbrio, mesmo diante de uma situação de estresse. Ter paciência, capacidade de lidar com a frustração e resiliência não se aprendem em livros, e sim na prática da convivência com outras crianças da mesma idade! •

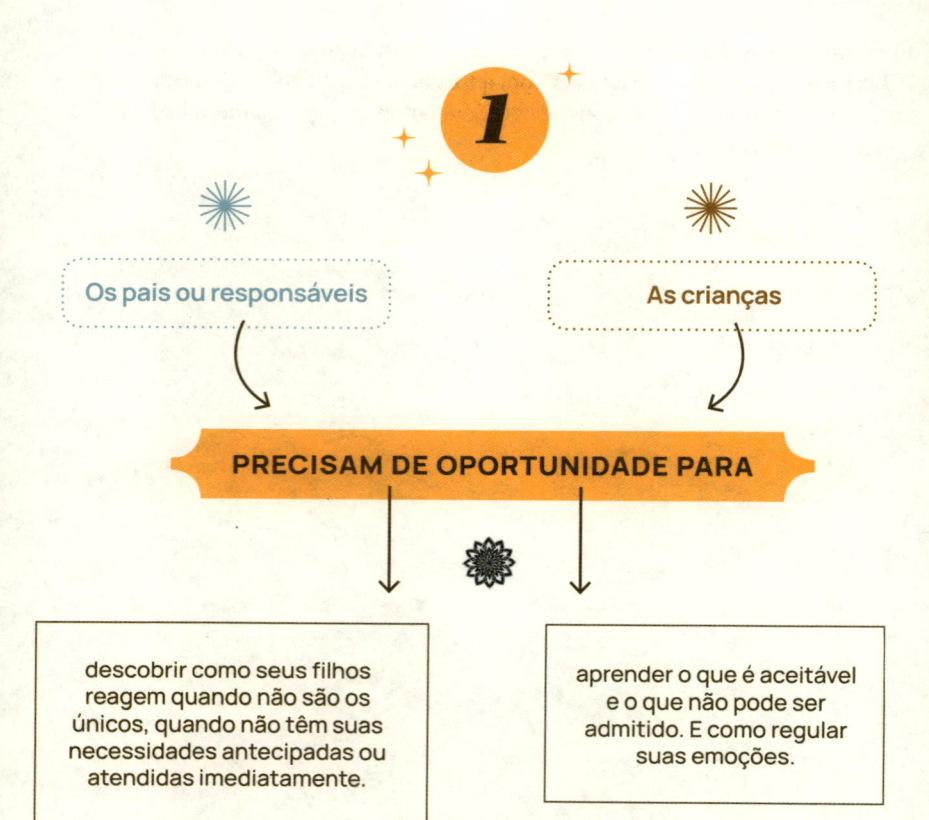

1

Os pais ou responsáveis

As crianças

PRECISAM DE OPORTUNIDADE PARA

descobrir como seus filhos reagem quando não são os únicos, quando não têm suas necessidades antecipadas ou atendidas imediatamente.

aprender o que é aceitável e o que não pode ser admitido. E como regular suas emoções.

 Conhecer as reações do seu filho em situações semelhantes às que ele vive na escola ajuda também a desenvolver uma relação de confiança entre os responsáveis e a professora.

Só assim é possível haver uma **relação de parceria** entre Família e Escola e garantir que seu filho possa se desenvolver plenamente!

2

É IMPORTANTE
incentivar nossos filhos
a reconhecer e valorizar
suas próprias características.

Assim, abrimos a porta para que
mais tarde a criança **NÃO** seja
um alvo fácil do **BULLYING** como
vítima ou agressor.

É nosso papel ajudar nossos filhos a entender que ser mais baixo, ter a cor ou tipo de cabelo diferente dos amigos ou primos...

 **... não torna ninguém mais ou menos importante e capaz.**

Se o ambiente parecer seguro, seu filho vai trazer as dúvidas, e nesse momento você tem o poder de imunizá-lo contra os efeitos do preconceito e do *bullying*.

Aceitar-se é a base para **respeitar as diferenças**. → Seu filho precisa aprender que alguns colegas têm mais habilidade que ele em alguns esportes ou brincadeiras, e que isso não o torna inferior.

A família e a convivência com outras crianças são essenciais para esse aprendizado!

Ter somente o pai, a mãe ou os avós como companheiros de brincadeira...

É UM CAMINHO

... que leva a criança a preferir o isolamento, quando um desses adultos não estiver disponível.

↑ ↑

A frequência com que seu filho brinca com outras crianças sem a intervenção direta de um adulto

 **É DIRETAMENTE PROPORCIONAL**

à capacidade de lidar com frustração e a resiliência que ele vai desenvolver.

Capítulo 3

Um **elemento essencial** para a saúde emocional de nossos filhos: autoestima!

Muitas vezes, olhamos para nossos filhos e buscamos descobrir na situação vivenciada o que está gerando um determinado comportamento. E acabamos não enxergando o que realmente está por trás de uma série de acontecimentos frustrantes, cheios de choro, birra, brigas e conflitos constantes na escola.

Baixa autoestima. Um sentimento que a médio e longo prazo acaba por levar nossos filhos a dois extremos, ambos igualmente negativos: isolamento ou comportamento agressivo com colegas, professores e familiares. E por que é tão desafiador lidar com a baixa autoestima de nossos filhos? Porque não temos o poder de mudar isso. Precisamos ter paciência e determinação para ajudar nossos filhos a desenvolverem uma imagem melhor de si próprios. É difícil, mas a realidade é que elogios sobre o quanto são lindos e inteligentes não ajudam a melhorar a autoestima. Porque autoestima não é o que a outra pessoa pensa de você. É como você enxerga a si próprio. Talvez o maior desafio de todos que temos como pais seja ajudar nossos filhos a construírem uma imagem positiva de si mesmos. Como fazer isso? Com atitudes simples do dia a dia que levem a criança a enxergar que é capaz de ir além, de vencer desafios simples, enquanto se preparam para os obstáculos mais complexos que virão.

O ritmo corrido da vida que levamos e o desejo de evitar que nossos filhos se frustrem acabam sabotando as oportunidades necessárias para que possam melhorar a autoestima.

Comer sozinho, vestir a própria roupa, fechar o zíper ou botão, amarrar o cadarço são atividades que requerem prática. É preciso tentar diversas vezes até dominar o processo. Se todas as vezes algum adulto faz pelas crianças, a prática nunca acontece. Percebendo que os responsáveis evitam que ela tente, a criança é a primeira a acreditar que não é capaz. E nada pode ser mais frustrante do que se achar incapaz de realizar uma tarefa que gera autonomia. Ao tentarmos evitar a frustração de não conseguir, geramos na criança o sentimento de não ser capaz.

> *Ao desenvolver uma nova habilidade, seu filho muda para melhor a imagem que tem de si próprio!*

A sugestão é ter momentos tranquilos para incentivar seu filho a tentar. Você pega uma blusa; e ele, outra. Você faz calmamente o passo a passo para fechar o zíper e ele segue na dele. Comemore as tentativas e os pequenos avanços. E tudo bem seu filho perceber hoje que ainda não aprendeu a fechar sozinho a roupa. Esse sentimento de frustração é positivo quando acompanhado de elogio pela tentativa. Saber que é preciso tentar mais vezes e poder comemorar quando finalmente conseguir é parte de tantos outros processos na vida.

Isso também vale para as refeições. Evite o "eu dou na sua boca senão você fica enrolando". Planeje melhor o horário. Diga que ele vai conseguir comer sozinho, mesmo que no começo ele derrube um pouco.

Enquanto ele come, você come também. E vai contando que você também derrubava a comida quando era pequena/o. Essa interação entre vocês vai trazer, aos poucos, a oportunidade que seu filho precisa para se orgulhar das pequenas conquistas do dia a dia. Para fechar com chave de ouro, elogie para outros adultos o esforço que ele colocou em cada atividade. Faça de conta que não sabe que ele está ouvindo você falar sobre o orgulho que tem dele. Isso sim ajuda seu filho a melhorar a autoestima!

Queremos filhos com autoestima lá em cima, porém somos os primeiros a julgar os gostos que eles têm, usando como referência aquilo que nos agrada.

Não estamos aqui falando de valores: o que é certo ou errado é seu dever, como responsável, decidir, insistir, combinar como regra. Mas o que é bom ou ruim, de qualidade ou duvidável, de bom ou mau gosto, é decidido de acordo com a maturidade e experiências de vida.

Fazer comentários ridicularizando as músicas, *youtubers*, cantores ou séries que seu filho assiste só afasta vocês. E, pior, joga seu filho diretamente nos braços de quem parece entender o que ele sente. Ouça, assista o que ele gosta. Converse sobre o assunto em momentos tranquilos, sem julgar. Demonstre interesse em entender o assunto.

Faça perguntas relacionadas ao conteúdo: "filha, o que ele quis dizer com isso? Quem é essa pessoa que ele menciona?" Deixe seu filho sentir orgulho de explicar para você aquilo que só faz sentido para ele. Enquanto busca as respostas para os pais, dois resultados podem ser obtidos: ou ele percebe que aquilo nem é tão bom assim, ou nós, os pais, acabamos entendendo que há mais por trás daquele barulho todo do que imaginávamos. Em ambos os casos, seu filho vai amadurecer e sentir orgulho de quem ele é, a partir do respeito que você demonstrar pelo que é importante para ele naquele momento.

Quem são as pessoas que influenciam seu filho? Conhecer os ídolos e demonstrar respeito aos gostos dele no momento, sem julgar ou gerar constrangimento pelo que ele a ouve ou assiste, ajuda a melhorar a autoestima.

Depois de ouvir atentamente seu filho, faça o convite para ele conhecer músicas, autores, filmes que você admira, sem comparar com o gosto dele.

Estará assim formado um elo entre vocês que ninguém de fora será capaz de cortar. E fica construída uma base de autoestima no seu filho, que se torna uma barreira capaz de prevenir *bullying*, depressão, necessidade de se provar capaz pela violência. Fácil? Nem um pouco. Mas vale cada minuto investido com seu filho!

Na ilusão sobre o que teria feito nossa infância ou adolescência mais feliz, estamos tirando de nossos filhos a oportunidade de construírem uma imagem positiva sobre quem são.

Quando olhamos para trás e decidimos tirar os momentos em que consideramos nossos pais chatos ou exigentes demais, esquecemos que foram algumas dessas oportunidades que nos ajudaram a construir a personalidade que temos hoje. Para cada responsabilidade que você assumia, sua autoestima subia um degrau. No puro instinto, nossos pais nos ajudaram a desenvolver diversas competências essenciais para a vida real. Ao dar tudo sempre preparado com antecedência para o filho e deixar como única obrigação ir para a escola, tiramos deles oportunidades fundamentais para um desenvolvimento saudável.

RESPONDA RÁPIDO:

Qual a responsabilidade do seu filho dentro de casa, algo que, se ele não fizer, ninguém fará por ele? Em sua resposta está uma das chaves **para melhorar a autoestima** do seu filho!

Conversar mais, estimular que se expressem e respeitar a criança são deveres dos pais. Muitos adultos não tinham consciência disso no passado. Melhoramos nisso.

Mas erramos feio ao tirar de nossos filhos os deveres que precisam sempre acompanhar os direitos e privilégios recebidos, seja qual for sua posição social ou situação econômica.

Talvez, a curto prazo, fazer pelo filho aquilo que ele já tem condições de realizar, melhore a autoestima dos pais. Mas dissolve rapidamente a autoestima dos filhos, que crescem evitando qualquer tipo de responsabilidade. Sem esses desafios, falta a base sobre a qual vai construir sua autoimagem. E será sempre uma pessoa com baixa autoestima, disfarçado de filho rebelde e de aluno problema.

Não se preocupe em parecer chato. Seu filho não deixará de amar você. Muito pelo contrário, uma pessoa com autoestima em bom nível não tem dificuldade alguma em demonstrar amor e carinho!

Ajude seu filho a encontrar uma habilidade que traga satisfação pessoal e gere necessidade de esforço para se aperfeiçoar. Isso vai contribuir para que ele tenha autoestima em ótimo nível!

Uma atividade física frequente é essencial para que seu filho tenha saúde, desenvolva habilidades de convívio social e amadureça cognitiva e emocionalmente.

Isso não deveria jamais ser negociado e deveria sempre ser prioridade. Escolham juntos essa atividade física e, caso seu filho não consiga se decidir por uma, faça você essa escolha.

Quando acontece do esporte ou dança gerar sensação de orgulho e desejo de melhorar o desempenho, aí está um caminho. Seu filho pode precisar de ajuda para encontrar uma atividade na qual possa desenvolver um talento do qual se orgulhe. E aí vale fazer tentativas até descobrir qual é essa habilidade que, enquanto é desenvolvida, torna-se também a marca registrada dele, algo que ele gosta de contar que pratica e que traz a ele a sensação de ser especial.

Aprender mais sobre música, canto, desenho, teatro, culinária. O importante é que ele comece e toda a família incentive, demonstrando orgulho daquela habilidade que ele está desenvolvendo. A tecnologia pode ser seu grande aliado. Ajude seu filho a encontrar cursos on-line e praticar em casa até que domine as habilidades da área escolhida.

Saber que está desenvolvendo uma habilidade dele, só dele, ajuda muito a manter a autoestima em bom nível. Procure no seu bairro oportunidades de cursos e esportes oferecidos pela prefeitura ou entidades que se dedicam a melhorar a comunidade de moradores locais. Seja o admirador número um do esforço que seu filho colocar na atividade escolhida.

Demonstre que acredita no potencial que ele tem, oferecendo oportunidades para que ele apresente em família as habilidades que for conquistando.

Quando ele se esforça para dominar uma habilidade, o próprio orgulho pelo esforço e sentir-se especial pelo talento que domina torna-se um escudo de força que seu filho desenvolve para a vida!

1

PARA AJUDAR SEU FILHO A MELHORAR A AUOTESTIMA, É PRECISO TER MOMENTOS TRANQUILOS PARA INCENTIVAR SEU FILHO A PRATICAR NOVAS HABILIDADES.

→ Você pega uma blusa; e ele, outra.

→ Você faz calmamente o passo a passo para fechar o zíper, e ele segue com a roupa.

→ Comemore as tentativas e os pequenos avanços.

→ E tudo bem ele perceber hoje que ainda não aprendeu a fechar sozinho.

Esse sentimento de frustração é positivo: saber que é preciso tentar mais vezes e poder comemorar quando finalmente conseguir.

ISSO TAMBÉM VALE PARA AS REFEIÇÕES:

→ Evite o "eu dou na sua boca senão você fica enrolando".

→ Planeje melhor o horário.

→ Diga que ele/a vai conseguir comer sozinho, mesmo que no começo derrube.

→ Enquanto ele/a come, você come também, contando que você derrubava a comida quando era pequena/o. Sempre dando a oportunidade que seu filho precisa para se orgulhar das pequenas conquistas do dia a dia.

OUÇA, ASSISTA ao que ele gosta.

FAÇA PERGUNTAS que devem ser relacionadas ao conteúdo: "o que aquele personagem quis dizer com isso?" "Quem é essa pessoa que ele menciona?".

Deixe seu filho sentir orgulho de explicar para você aquilo que só faz sentido para ele.

CONVERSE sobre o assunto em momentos tranquilos, sem julgar.

DEMONSTRE interesse em entender o que torna aquele conteúdo atraente.

Sem responsabilidades compartilhadas na organização do dia a dia em família, **falta a base sobre a qual seu filho vai construir a autoimagem positiva**. O resultado será uma pessoa com baixa autoestima, disfarçada de filho rebelde e de aluno problema.

 **NÃO SE PREOCUPE EM PARECER CHATO ALGUMAS VEZES.**

Seu filho não deixará de amar você. Muito pelo contrário, uma pessoa com autoestima em bom nível não tem dificuldade alguma em demonstrar amor e carinho!

Você estará fazendo sua parte para que ele/a tenha **AUTOESTIMA em ótimo nível**!

Ajude seu filho a encontrar uma habilidade que traga satisfação pessoal e gere necessidade de esforço para se aperfeiçoar.

Uma atividade física frequente é essencial para que seu filho tenha saúde física, desenvolva habilidades de convívio social e cresça emocionalmente.

Isso **não deveria jamais ser negociado** e deveria sempre ser prioridade.

Escolham juntos essa atividade física e, caso seu filho não consiga se decidir por uma, faça você essa escolha.

Capítulo 4

Estratégias para ajudar o filho a **desenvolver interesse e motivação** para o aprendizado.

"**Como ajudar meu filho a se interessar pelos estudos?**" Este é um dos pedidos de ajuda que mais recebemos. E vem de pais de todas as regiões do Brasil, com filhos das mais variadas faixas etárias. A boa notícia é haver tantas famílias preocupadas com essa questão e buscando ajuda. **Nem os superpoderes de mãe ou pai podem fazer um filho aprender, se ele mesmo não se envolver e não fizer o esforço necessário para transformar em conhecimento o conteúdo que está sendo ensinado na escola.**

Eis a chave para que nós, pais, possamos entender como ajudar nossos filhos: crianças e adolescentes precisam aprender em casa, desde pequenos, o real sentido das palavras "esforço, dedicação, responsabilidade, disciplina". Sem isso, nem a melhor escola do mundo, o melhor professor da face da Terra conseguiriam fazer um aluno aprender.

Muitos pais tentam dar seu melhor. Algumas vezes, passando do limite do bom senso e fazendo a tarefa pelo filho. Depois se frustram ainda mais, pois os resultados só pioram, e o filho parece não se importar minimamente. O desafio é criar um ambiente em que os filhos desenvolvam as habilidades que formam o alicerce para uma relação de responsabilidade com a aprendizagem e com os estudos. No início, é trocar o estresse de horas brigando para seu filho fazer a lição e aproveitar melhor os momentos em família que preparam a criança ou adolescente para a hora do estudo.

> **Antes de aprender o conteúdo da escola, seu filho precisa descobrir, em casa, que é capaz de aprender qualquer coisa!**

A chave para seu filho se interessar pelos estudos está fora dos momentos da lição de casa ou da correria na véspera de provas. Uma criança só vai ter interesse e energia para enfrentar os desafios da aprendizagem formal se ela achar que é capaz de vencer obstáculos que fazem parte do dia a dia.

O que seu filho precisa é acreditar no quanto é capaz de aprender seja lá o que for, desde que tenha persistência. A verdade é que tudo o que seu filho faz bem, desde andar até encontrar rapidinho o aplicativo que ele mais gosta entre tantos ícones na tela de um aparelho eletrônico, ele só consegue porque fez aquilo repetidas vezes.

O que parece um talento que já nasceu com seu filho é resultado de um esforço maior colocado naquela atividade. O incentivo, o elogio, o reforço positivo a cada tentativa e a visão de que não há erro, mas sim diversas tentativas para aprender, fizeram a diferença para que ele dominasse cada habilidade que tem hoje. Nenhum pai ou mãe fica bravo quando o filho cai diversas vezes até que consiga andar sozinho ou quando está aprendendo a comer com as próprias mãos. Todas as situações em que consideramos que o filho era capaz, ele só precisou de prática e incentivo para tentar novamente, até dominar aquela habilidade. E assim deve ser com os estudos.

Aos pais cabe incentivar cada nova tentativa e a persistência de não desistir, começando pelos momentos de brincadeiras e jogos em família. E sempre elogiar o esforço do filho.

Não devemos tratar a tentativa que não deu certo como fracasso, mas como um novo passo rumo ao sucesso. Incentivar jogos de quebra-cabeça, memória, encaixe de formas para os pequenos é importante.

No caso de filhos maiores, é interessante colocar na rotina atividades que requerem prática para que sejam dominadas. Alguns exemplos são preparar refeição junto com você em um dia da semana, começar a tocar um instrumento musical ou praticar uma nova atividade física são caminhos para ajudar seu filho a desenvolver motivação para os estudos.

> *O interesse pelos estudos começa ao compartilhar com os pais a responsabilidade por tudo o que diz respeito à escola e à aprendizagem.*

Se você esperar que o interesse pelos estudos seja desenvolvido na hora de estudar, seu filho vai continuar a não gostar da escola, da lição de casa, da prova, da professora. Um exemplo simples de como, sem perceber, os pais agem como se a escola e os estudos fossem um peso na vida do filho desde muito cedo é a cena comum na entrada e na saída da escola, desde muito cedo.

É comum a atitude dos pais quando buscam os filhos na saída de pegar a mochila. Na entrada, a maioria dos pais vai até a porta carregando a mochila que a criança poderia estar levando e recebendo elogios por isso. Embora a intenção seja a melhor, passamos a mensagem de que a escola é "pesada", mas que podem ficar tranquilos, porque vamos assumir essa responsabilidade no lugar deles. Dentro de casa, os próprios pais organizam o estojo, as pastas, a mochila dos filhos, mesmo quando eles próprios já poderiam fazer isso, com a ajuda de um responsável.

Aos poucos, vamos ensinando da forma mais impactante – na prática, pelo exemplo – que nós cuidamos de tudo. Depois vem a enorme contradição na fala: "a escola é para você aprender, vai ser importante na sua vida, você tem que fazer a sua lição, precisa entender que é para você mesmo o aprendizado".

Quer ajudar seu filho assumir a responsabilidade pelos estudos, desenvolver o interesse pelo aprendizado? Corte o discurso e ajuste a prática. E nada de fazer cara de pena quando ele estiver vestindo sozinho o uniforme, carregando a própria mochila ou arrumando o material da escola. Elogie o envolvimento nesses momentos.

Se tem que comprar algum material relacionado à escola, leve seu filho junto. Ele pode ajudar a escolher, ficar na fila para pagar, ajudar a carregar a sacola com o material, chegar em casa e guardar no lugar certo.

E o toque final, a cereja do bolo, o ingrediente mágico: troque a expressão de pena no rosto por palavras e gestos que transmitam a sensação de orgulho! Demonstre admiração quando seu filho assumir a responsabilidade por tudo o que está relacionado à escola e aos estudos!

A hora de estudar, é hora de estudar e não de aprender a gostar do estudo. É verdade que dá trabalho educar uma criança para que ela desenvolva, desde muito cedo, o interesse pelos estudos.

Mas veja esse desafio como um investimento. O que você investir de tempo e esforço em momentos da rotina da família vai economizar em brigas, estresse e até mesmo em dinheiro para tentar consertar os prejuízos.

A chave para seu filho se interessar pelos estudos está fora do momento da lição de casa ou da pressão das provas!

Uma das receitas de comprovado sucesso para despertar o gosto pelos estudos é o hábito da leitura.

A leitura precisa fazer parte da rotina da família. Nos dias atuais, isso é um enorme desafio, só possível de ser vencido com participação dos pais. A dica é começar com duas sessões semanais, inicialmente de 20 minutos, em que todos da casa estejam lendo. Inicialmente, deixe que seu filho leia revistas ou histórias em quadrinhos e depois vocês fazem a transição para livros. Para crianças menores, leia para ela. Depois leia com ela. Então deixe que ela leia para você. Diversas pesquisas confirmam que crianças que desenvolvem o gosto pela leitura aumentam na mesma proporção o interesse pelos estudos.

Conversar com seu filho, incentivar mais questionamentos é também uma das maneiras de promover a aprendizagem ativa. Para complementar, passeios a parques, museus, bibliotecas vão ajudar tanto a fortalecer o vínculo em família quanto a desenvolver recursos para melhorar a relação com a aprendizagem formal, na escola, e na hora dos estudos em casa.

Uma nova rotina vai trazer a mudança que discurso nenhum consegue promover no interesse do seu filho pela aprendizagem! ●

NO INÍCIO

| É preciso **trocar o estresse** de horas brigando para seu filho fazer a lição | → | por momentos com uma fala mais assertiva e com menos permissividade. |

A chave para seu filho se interessar pelos estudos **está fora dos momentos da lição** de casa ou do desespero da véspera de provas.

Uma criança só vai ter interesse e recursos para enfrentar os desafios da aprendizagem formal **se ela achar que é capaz de vencer** pequenos obstáculos do dia a dia.

A verdade é que tudo o que seu filho faz bem, desde andar, falar, até encontrar rapidinho o aplicativo que ele mais gosta entre tantos ícones natela, **ele só consegue porque fez aquilo repetidas vezes**.

Capítulo 5

Para tornar **mais leve** a hora da lição de casa.

Fazer a lição no mesmo horário todos os dias traz enormes benefícios para a aprendizagem.

Junto com seu filho, defina qual o melhor horário para fazer a lição de casa. Analise a rotina da família e os horários antes de estabelecer as opções para a hora dos estudos em casa.

Combine com seu filho que o horário escolhido será fixo, de segunda a sexta-feira. Os benefícios serão enormes, tanto na assimilação do conteúdo estudado, quanto no clima de tranquilidade e paz, que é essencial para a aprendizagem.

Combinado o horário da lição de casa, desde o começo evite ficar chamando seu filho quando já estiver no horário combinado.

Em vez disso, poucos minutos antes, pergunte se não está na hora que combinaram. Isso será somente um alerta para que ele fique atento e possa sozinho, muito em breve, assumir a responsabilidade e sentar para estudar no horário combinado.

É importante elogiar seu filho e dizer o quanto você tem orgulho dele por estar cumprindo o combinado. Os resultados serão um clima mais tranquilo dentro de casa e no desempenho na escola.

Quer acabar com o estresse e enrolação na hora da lição? A dica é fazer intervalos, com movimento, intercalados com momentos de total concentração.

Tudo o que você precisa é de um cronômetro – que pode ser um relógio de cozinha mesmo. Explique para seu filho que, na hora da lição, ele vai marcar 30 minutos no cronômetro e, nesse tempo, vai ficar totalmente concentrado em fazer as atividades.

Quando soar o cronômetro, ele marca 5 minutos de tempo e, nesse intervalo, tem que se levantar e fazer o que quiser, desde que ele se movimente. Pode ir beber água, ir ao banheiro ou fazer outra coisa, desde que faça isso caminhando.

Os resultados positivos aparecem rapidamente. O estresse diminui porque, sabendo que haverá um intervalo, fica mais fácil ficar focado por algum tempo. Além disso, o intervalo com movimento ajuda o cérebro a ser reabastecido com energia suficiente para mais trinta minutos de concentração total.

O benefício aparece nos momentos mais calmos dentro de casa, no aumento da capacidade de foco e concentração e também na aprendizagem!

O dever de casa tem um papel muito importante no aprendizado.

Retomar o conteúdo que foi apresentado durante a aula é a forma de sinalizar para o cérebro que aquilo deve ser armazenado e organizado na memória durante as próximas noites de sono.

Isso explica por que seu filho é capaz de reproduzir a propaganda da TV, mas não guarda aquele conteúdo simples que viu na escola no dia anterior.

Ele vê a mesma propaganda diversas vezes. O cérebro entende que aquilo deve ser armazenado.

A dica é retomar a matéria estudada na escola todos os dias, mesmo que não tenha lição para entregar. Quando os pais demonstram ter pena do filho porque ele tem tarefa, os filhos não encontram a energia e determinação necessárias para assumir a responsabilidade pelo aprendizado. Seu filho precisa enxergar em você uma postura de orgulho pelo esforço que ele coloca ao cumprir, também em casa, o papel de estudante.

Não demonstre ter pena de seu filho no momento da lição de casa. Há diversos benefícios que a tarefa traz para o aprendizado.

Um dos motivos que geram a resistência na hora de fazer a lição de casa é a sensação que os alunos têm de estarem perdendo tempo. Por outro lado, nada é mais gratificante para um filho do que ter a atenção total do pais, ainda que por um período curto de tempo.

Quando você combina com seu filho de fazer, junto com ele, algo divertido depois que a tarefa estiver toda pronta e feita com capricho, em pouco tempo a predisposição para se concentrar muda. Em vez da sensação de perda de tempo, o cérebro passa a relacionar o momento da lição com o sentimento de prazer e alegria que ficam registrados ao fazer algo divertido com você, pai ou mãe.

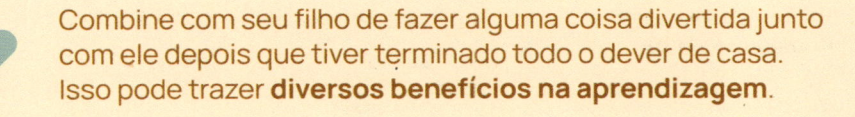

Combine com seu filho de fazer alguma coisa divertida junto com ele depois que tiver terminado todo o dever de casa. Isso pode trazer **diversos benefícios na aprendizagem**.

A sensação deixada por momentos que envolvem carinho e prazer gera uma nova relação com a hora do estudo. Em pouco tempo, a lição passa a ser uma atividade que seu filho faz com tranquilidade e sem esperar retorno externo por isso.

Você não precisa saber o conteúdo que seu filho está estudando para ajudar na lição. Ainda assim, sua participação é essencial para o aprendizado.

Muitas vezes, os pais ficam desesperados ou frustrados por não saberem como ajudar no conteúdo que o filho tem dúvida na hora da tarefa. Respire e alivie essa culpa. O papel do responsável na hora da tarefa não é o de professor.

Seu filho precisa de você no momento do dever de casa assim como você participa nas competições esportivas. Você dá o estímulo, garante que ele participe das aulas, ajusta a rotina para que ele dê o melhor de si, dormindo o suficiente, tendo uma boa alimentação e participando ativamente das aulas. Você não treina no lugar dele ou junto com ele!

Quem faz os exercícios, nada, joga, é ele mesmo. E quando tem dúvida, o professor é quem ajuda. Da mesma forma, na hora da tarefa, você é quem ajuda a garantir que ele esteja sempre em um espaço organizado para este momento. TV e todos os outros equipamentos de tecnologia devem estar desligados. Assim como você incentiva e torce por ele no esporte, você faz na hora da lição de casa, mas quem faz as atividades é seu filho.

Tem dúvida no conteúdo? Basta procurar na apostila, no livro, consultar um amigo ou deixar somente aquela atividade e pedir ajuda para a professora no dia seguinte.

FAZER LIÇÃO NO MESMO HORÁRIO TODOS OS DIAS

> Isso será somente um alerta para que ele fique atento e possa, sozinho, muito em breve, assumir a responsabilidade e sentar para estudar no horário combinado.

→ **Tira de você o peso** de parecer a vilã/o que sempre interrompe os momentos de prazer.

→ E traz enormes **benefícios para a aprendizage**

Definido o horário, **combine que será fixo** em todos os dias úteis da semana.

Os benefícios serão enormes, tanto na assimilação do conteúdo da tarefa, quanto no clima de tranquilidade e paz, que é essencial para a aprendizagem.

→ Desde o começo **evite ficar chamando seu fil** quando já estiver no horário combinado.

→ Em vez disso, poucos minutos antes, pergunte quanto tempo falta para o horário que vocês combinaram.

Tudo o que você precisa é de um cronômetro – que pode ser um relógio de cozinha mesmo.

Explique para seu filho que na hora da tarefa ele vai marcar **30 minutos no cronômetro**... e nesse tempo ficar totalmente concentrado em fazer as atividades.	Quando soar o cronômetro, ele marca **5 minutos de tempo**... e nesse intervalo, tem que se levantar e fazer o que quiser, desde que se movimente. Pode ir beber água, ir ao banheiro ou fazer outra coisa, desde que faça isso caminhando.

OS RESULTADOS POSITIVOS APARECEM RAPIDAMENTE.

 O estresse diminui porque, sabendo que haverá um intervalo, fica mais fácil ficar focado por algum tempo.

 Além disso, o intervalo com movimento ajuda cérebro a ser reabastecido com oxigênio, o qu gera energia suficiente para mais trinta minut de concentração total.

2

Combinar com seu filho de fazer alguma coisa divertida, junto com ele, depois que tiver terminado toda a lição

tira de você o peso de parecer a/o vilã/o que sempre interrompe os momentos de prazer...

traz enormes benefícios para a aprendizagem.

 **LEMBRE-SE DE QUE DEDICAR ALGUNS MOMENTOS PARA CONVERSAR COM SEU FILHO E OUVI-LO TRAZ BENEFÍCIOS PARA VOCÊ E PARA ELE/A.**

a sensação deixada por momentos que envolvem atenção total, carinho e prazer que gera uma nova relação com o momento da lição de casa.

Você não precisa saber o conteúdo que seu filho está estudando para ajudar na lição.

Ainda assim, sua participação é essencial para o aprendizado.

Seu filho precisa de você no momento do dever de casa da mesma forma você participa nas competições esportivas.

Você dá o estímulo, garante que ele participe das aulas, ajusta a rotina para que ele dê o melhor de si, dormindo o suficiente, tendo uma boa alimentação e participando ativamente das aulas.

Capítulo 6

Ajustes na rotina para filhos mais seguros e com **bons resultados** nas provas.

Seu filho fica nervoso e ansioso antes de fazer uma prova na escola? Sem dúvida o estado emocional em que ele se encontra impacta de forma significativa o resultado que ele terá.

Na maioria das vezes, o nervoso que toma conta do aluno está relacionado ao medo de causar decepção para os pais, caso a nota seja baixa. Tudo o que seu filho precisa é de oportunidade para perceber que é capaz de causar orgulho em você em situações que não estejam relacionadas com os estudos. Peça ajuda para ir ao supermercado, para guardar as compras, colocar e tirar a mesa das refeições. E não se esqueça do principal: agradecer a ajuda e elogiar seu filho pelo esforço colocado mesmo nas pequenas atividades em casa.

Além de dar um tempo para que o cérebro organize a matéria que ele estudou, ao fazer outras atividades e perceber que gerou sensação de bem estar nos pais, a prova da escola deixa de ser a única possibilidade de gerar orgulho em você. Seu filho tem a chance de se perceber capaz e orgulhar-se de si. Isso vai ajudá-lo a estar mais tranquilo no momento da prova na escola, desde que tenha também praticado a rotina de estudos ao longo da semana, em casa.

Durante a semana de provas, ajude seu filho a focar em uma coisa de cada vez. Se estiver com a TV ligada, os brinquedos devem estar guardados. Se estiver brincando, a TV deve ficar desligada.

Um dos maiores problemas que nossos filhos enfrentam nos dias atuais é a dificuldade de concentração. A rotina tão movimentada e com diversos recursos simultâneos acaba por gerar no cérebro de nossos pequenos a constante busca de estímulos variados. É papel dos pais ajudar crianças e adolescentes a desenvolver a capacidade de concentração, uma habilidade essencial nos momentos de prova na escola e da aprendizagem formal.

A dica é reduzir a quantidade de estímulos simultâneos que geralmente fazem parte da rotina dos filhos desde bebês.

Deixe a TV ligada somente quando seu filho estiver concentrado no desenho ou programa favorito. No momento das brincadeiras, desligue outros aparelhos. Durante as refeições, aproveite para conversar sobre diversos assuntos e não inclua a tecnologia. No caminho para a escola, proponha desafios relacionados a tudo que podem enxergar nas ruas: placa dos carros, cores, formas e textos disponíveis nos letreiros de lojas e *outdoors*. No caso de filho adolescente, aproveite para conversar sobre músicas, séries, canais de Youtube que ele gosta.

A capacidade de foco e concentração será assim estimulada, e seu filho será capaz de utilizar esse recurso no momento das aulas e das provas na escola.

Ir para cama mais cedo é uma das melhores receitas para que seu filho tenha bons resultados na semana de provas!

Nossas crianças e adolescentes estão dormindo pelo menos duas horas a menos do que nós, pais, dormíamos quando crianças. Os estímulos são diversos para mantê-los acordados por mais tempo, além da rotina de vida mais corrida que as famílias têm hoje. Embora pareça normal que as crianças tenham se adaptado a esse ritmo tão corrido da vida, os prejuízos são enormes e podem ser vistos nos resultados da aprendizagem na escola.

A semana de provas acaba por agravar a situação, já que muitos alunos e pais se veem ansiosos e tensos, gerando ainda mais estímulos para que a hora de ir para a cama seja adiada ainda mais. Não adianta dormir menos porque estava estudando. O resultado será frustração. E a culpa geralmente é transferida para a escola ou para a matéria que parece difícil demais.

Para que a semana de provas transcorra de forma tranquila, e seu filho possa estar preparado para colocar em prática tudo aquilo que estudou, uma noite tranquila de sono é essencial. É durante o período do sono que os conteúdos que ele aprendeu serão organizados na memória. E para isso é essencial uma noite completa, com todos os ciclos do sono. A dica é começar a dormir mais cedo antes da semana de provas para que ele já esteja adaptado aos horários e tempo de sono quando as provas chegarem.

Faça junto com seu filho uma tabela com as matérias e a nota que ele almeja tirar em cada uma delas. Os resultados serão melhores e o período de provas mais tranquilo.

Ao listar as matérias e as notas que ele tirou no período anterior, fica mais fácil visualizar a situação e estabelecer metas para as provas que virão. Seu papel é incentivar seu filho/a a manter os bons resultados e planeje notas mais altas para as matérias em que os resultados foram abaixo da média nas provas anteriores. Não demonstre reações extremas de alegria ou decepção com as metas dele. Só ajude para que ele consiga se desafiar na medida certa, sem criar expectativas que não condizem com a realidade.

Por exemplo, se a última nota em uma matéria foi 5,0, não faz sentido estabelecer 9,0 como meta. De meio a um ponto acima da média da escola já é um bom número para a prova seguinte. Para que o resultado apareça, você pode guiar, mas seu filho/a tem que estabelecer o número final. Se estiver difícil para ele/a no começo, você pode ajudar perguntando: "colocamos 7,0 ou 7,5 nessa matéria?".

E ele/a indica a nota escolhida como meta. Terminada a tabela, você pede que ele explique o que vai fazer para atingir as metas estabelecidas. Pronto, o fato de ter assumido a responsabilidade em definir as notas que deseja e o que fará para conseguir atingi-las já ajuda que ele tenha uma rotina altamente favorável para conseguir. Prepare-se para resultados melhores do que o previsto na tabela. E não se esqueça de elogiar o esforço todo envolvido em cada um desses passos!

Na semana de provas, peça ajuda para atividades do dia a dia da família. Participar da organização da casa ajuda a aliviar a pressão e ansiedade do seu filho.

Ao participar de atividades da rotina doméstica, seu filho:

dá o tempo necessário para que o cérebro organize a matéria que ele estudou.	descobre a própria capacidade de ser independente e ter autonomia.	percebe-se capaz de gerar sensações positivas na família.

Durante a semana de provas, ajude seu filho a estar focado em uma coisa de cada vez.

Se estiver com a TV ligada, os brinquedos **devem estar guardados**.	OFF	Se estiver brincando, a TV **deve ficar desligada**.

 A dica é reduzir a quantidade de estímulos simultâneos, que geralmente fazem parte da rotina dos filhos desde bebês.

 Deixe a TV ligada somente quando seu filho estiver concentrado no desenho ou programa favorito. No momento das brincadeiras, todas as telas desligadas.

 Durante as refeições, aproveite para conversar sobre diversos assuntos e não inclua a tecnologia.

 No caminho para a escola, proponha desafios relacionados a tudo que podem enxergar nas ruas, *outdoors*, placas de carro, pessoas.

NÃO ADIANTA DORMIR MENOS PORQUE FICOU ESTUDANDO.

O resultado será frustração. E a culpa geralmente é transferida para a escola ou para a matéria que parece difícil demais.

Ao listar as matérias e as notas do período anterior...

 **fica mais fácil visualizar** a situação e estabelecer metas para as provas que virão.

 Seu papel é incentivar seu filho a manter os bons resultados e planejar notas mais altas para as matérias em que os resultados ficaram abaixo da média nas provas anteriores.

 Não demonstre reações extremas de alegria ou decepção com as metas dele.

 Só ajude para que ele consiga se desafiar na medida certa, sem criar expectativas que não condizem com a realidade.

 Terminada a tabela, peça a ele que explique o que vai fazer para atingir as metas que estabeleceu.

Capítulo 7

As dores e as delícias de **educar filhos** na era das telas.

Vivemos em um constante tsunâmi de informações. A cada onda que passa, ficam dúvidas, medos, incertezas. E vamos tentando educar nossos filhos enquanto ainda estamos aprendendo a lidar com tantas variáveis. Como tudo que é novo traz insegurança, vivemos em constante estresse quando o assunto é educação dos filhos e os impactos das telas nesse processo. A receita perfeita não existe.

A garantia de que se você fizer isso, o resultado será aquilo também não. Somente uma certeza podemos ter: a tecnologia estará cada vez mais disponível e será parte da vida de nossos filhos, seja lá qual for nossa opinião em relação a isso.

Cabe a nós entender como as diversas telas podem se tornar aliadas e quando se tornam prejudiciais. Mais que isso, vamos olhar juntos para as alternativas que temos na busca de uma educação que prepara para o mundo real, tirando o melhor proveito dos recursos digitais. Na teoria, todos sabemos o segredo: equilíbrio.

Mas o que isso significa na prática? Leitura e escrita perdem espaço ou ganham importância? TV, *tablet*, celular, computador, *videogame* e a grande atração que esses produtos eletrônicos geram em nossos filhos representam perigos ou oportunidades? Tudo depende da forma como ajustamos o dia a dia em casa!

Por que relutamos tanto em ouvir nosso bom senso de responsáveis e colocar o tempo de tela na proporção que merece?

Relutamos em ser firmes na hora de estabelecer regras em relação ao tempo de tela por diversos motivos. Insegurança, receio de frustrar nossos filhos, falta de referência na educação que tivemos são alguns deles.

Há um estresse gerado pelo constante cabo de guerra entre o tédio do mundo real e os estímulos do mundo virtual. Ao flexibilizar demais todas as regras e os valores que fazem parte da pessoa que você é, fica um enorme vazio dentro do peito. O ponto mais confiável no qual você pode buscar o equilíbrio está na resposta a uma pergunta: que valores você quer passar para seu filho?

Precisamos assumir que sem enfrentar momentos de frustração agora, nossos filhos não terão ferramentas para serem felizes no futuro. Será que deixar seu filho bravo, triste ou frustrado porque está na hora de se desconectar para viver o mundo real é mais difícil para ele ou para você? Ou será que a tela está se tornando cada vez mais o calmante que esconde os reais problemas que vocês precisam encarar juntos?

Pense. Sem medo de encontrar as respostas. Mas lembre-se de que o remédio e o veneno muitas vezes têm como única diferença a dose. Nenhuma tela por si só é prejudicial. Além do equilíbrio no tempo de exposição, é preciso equilíbrio no uso que nossos filhos fazem da tecnologia.

Uma receita simples, capaz de ajudar no tão sonhado equilíbrio: usar as telas para ajudar na criação do hábito da leitura. Combine com seu filho uma proporção de tempo on-line e *off-line*.

E no tempo desconectado, ele pode usar a tela para ler. Baixe junto com ele livros e materiais que vocês possam explorar juntos. E faça da leitura um mecanismo de troca por tempo on-line. Isso não elimina a necessidade de regras quanto ao tempo de tela, mas acrescenta um uso que pode aproximar você de seu filho e seu filho dos estudos: o hábito da leitura!

> *As telas disponíveis hoje em dia permitem que nossas crianças cresçam sem enfrentar barreiras de espaço e tempo. Podemos fazer disso um trunfo ou um problema na vida de nossos filhos.*

Lembra de como você esperava ansiosa/o por seu desenho favorito na TV? E de quando era preciso combinar horário para falar com um familiar que morava longe, porque só existia telefone fixo? Todas essas atividades eram escolhas que fazíamos, sem perceber. Para cada escolha, uma renúncia. Ou almoçávamos, ou assistíamos à TV. Ou saíamos com amigos, ou ficávamos em casa ouvindo música. Tempo e local eram sempre escolhas que tínhamos que fazer. Hoje, nossos filhos nascem e crescem sem a mínima noção de restrição: nunca é isso ou aquilo, é sempre isso e mais aquilo. Eles assistem aos seus desenhos favoritos na sala, na cozinha, no carro, em qualquer horário. O poder de eliminar barreiras de tempo e espaço somente serão vantagens se conseguirmos ensinar a nossos filhos que a vida no mundo real continua a ser feita de escolhas. Por exemplo, seu filho não aprenderá a ler e escrever se não conseguir focar em praticar a leitura e a escrita, sem outros estímulos simultâneos.

Os relacionamentos com colegas e familiares vão gerar frustrações enormes se nossas crianças não aprenderem a olhar nos olhos da pessoa com quem interagem. Esperar um prato chegar à mesa, percebendo o tempo que isso leva é aprendizado para a vida.

Olhar pela janela do carro ou do ônibus, no trajeto para a escola, é preparação para ler, escrever, contar. Sim, é possível aproveitar o melhor do mundo digital e ainda assim ser capaz de conviver em sociedade e ser feliz.

Mas isso depende mais de nós, responsáveis, do que de nossos filhos. A consciência de que existem dois mundos e de que precisamos aprender a transitar entre eles é nossa. A responsabilidade por educar pessoas capazes de abrir mão, fazer opções, priorizar é nossa.

Seu maior aliado nessa missão nada fácil é a leitura. Leia com seu filho. Leiam juntos. E não é preciso fazer opção: leiam livros de papel e livros digitais, mas leiam!

É uma missão quase impossível controlar tudo a que nossos filhos têm acesso.

Mas é extremamente necessário assumir que ainda somos nós, os pais, os responsáveis por educar as crianças e adolescentes. Isso significa que não adianta esperar que alguém controle tudo o que está sendo publicado nesse mundo sem dono que é a Internet. Conseguir adiar ao máximo a idade com que seu filho terá acesso às telas sozinho é o ideal.

E esse máximo vai depender de vários fatores que são diferentes em cada família. Porém, há um ponto que precisamos acordar e manter sempre alerta em nossa mente e coração: o poder da família é sempre maior, imensamente maior do que o das telas. Só há comportamento negativo ou violento que é repetido nas relações com a família ou na escola se faltar o equilíbrio na hora de educar em casa. Justificar mordidas, socos, brigas, palavrões e falta de respeito com mal exemplo de algo que seu filho assiste na TV, Youtube ou em qualquer plataforma é um erro.

Se o exemplo negativo está gerando impacto tão grande no seu filho, passou da hora de rever a rotina, estabelecer regras e fazer cumprir o que for combinado.

Precisa tirar as telas da vida do seu filho? Não, mas precisa colocar como prioridade ensinar a conviver no mundo real. E para ensinar a separar o que é bom e o que não serve, precisa assistir junto.

Precisa usar as telas com todo o potencial que elas trazem. Por que as crianças e adolescentes só pensam no verbo "assistir" quando encontram uma tela? Porque faltou criar o hábito de ler usando também essa ferramenta. E adivinha quem tem o superpoder de mostrar essa outra face das telinhas?

Sim, essa pessoa que está lendo este texto agora mesmo!

 ## RESPONDA RÁPIDO:

Nenhuma tela tem maior influência no comportamento do filho do que o exemplo dos pais. **Você está fazendo bom uso** desse poder?

Uma sequência que ajuda no equilíbrio de tempo de tela e traz benefícios para toda a família: primeiro ler, depois assistir ao filme/desenho da história já lida.

Não há problema algum em admitir que tanto a TV quanto as outras telas abrem um espaço para que possamos dar conta dos milhares de atividades que temos a cumprir todos os dias.

Enquanto estão distraídos no mundo digital, os filhos dão aquele sossego tão sonhado para que os pais possam correr com tudo o que vai se acumulando em casa. Inicialmente, é preciso ensinar que há opções no mundo real. Brincar, jogar, ler, fazer nada. Depois deixar que seu filho continue sozinho ou invente outras brincadeiras enquanto você faz aquilo que precisa ser feito. Toda vez que você tira um tempo para focar somente no seu filho, é como um investimento que vai render mais e mais conforme ele cresce.

Cabe a nós criar um ambiente e as regras necessárias para uma vida saudável e equilibrada, seja qual for a idade do seu filho. Uma dica que ajuda a ter momentos de autonomia, tanto no mundo real quanto no virtual, deixando você livre para suas atividades, é fazer a dobradinha livro + filme/desenho.

Primeiro leia para seu filho, ou com seu filho, livros com histórias que tenham a versão também em filme ou desenho. Depois de terem lido o livro, o interesse pelo desenho ou filme fica ainda maior.

Além de ser uma opção que ajuda no desenvolvimento de diversas habilidades, ela abre também caminho para vocês conversarem no caminho para a escola ou durante as refeições sobre situações que apareceram de forma diferente em cada um dos formatos. Ler o livro antes de assistir ao filme/desenho ajuda também a estimular a criatividade, já que seu filho terá a oportunidade de criar as imagens das situações e personagens de acordo com as referências e memórias que ele já tem. Depois ele vai comparar o que imaginou com os personagens e situações retratadas nas telas em que assistir a história que já leu. Uma forma de equilibrar o tempo, seja de uso da tecnologia seja de uso dos próprios pais!

Deixar seu filho: **BRAVO** ⟶ **TRISTE** ⟶ **FRUSTRADO**

porque está na hora de se desconectar para viver o mundo real é mais difícil

PARA ELE? OU **PARA NÓS, ADULTOS?**

Relutamos em ser **firmes na hora de estabelecer regras** em relação ao tempo de tela por diversos motivos:

 Falta referência para educar filhos que nascem e crescem neste mundo em transição.

 Receio de frustrar nossos filhos. Insegurança.

 Estresse gerado pelo constante cabo de guerra entre o tédio do mundo real e os estímulos do mundo virtual.

Esperar um prato chegar à mesa, percebendo o tempo que isso **leva é aprendizado para a vida.**	Olhar pela janela do carro no trajeto para a escola é preparação para ler, escrever, contar.	Telas na hora da refeição e nos percursos de carro devem ser evitadas. Essas são renúncias que vão fazer muito bem para seu filho!

 Seu filho não aprenderá a ler e escrever se não conseguir focar nessas atividades, só nelas, sem outros estímulos simultâneos.

 Os relacionamentos com colegas e familiares vai gerar frustrações enormes, se nossos filhos não aprenderem a olhar nos olhos da pessoa com quem interagem.

PARA ENCONTRAR O EQUILÍBRIO ENTRE O MUNDO REAL E VIRTUAL...

Algumas vezes, você vai precisar ir para a tela **junto com seu filho**.

E outras vezes, **você vai precisar desligar todas telas** para que vocês possam juntos descobrir o poder de Pertencer, Conviver e SER!

É preciso ensinar aos filhos que há opções no mundo real.

BRINCAR ✳ JOGAR

JUNTO

Depois deixar que seu filho continue sozinho ou invente outras brincadeiras enquanto você faz aquilo que precisa ser feito em casa.

Uma dica que ajuda seu filho a desenvolver autonomia, tanto no mundo real quanto no virtual, deixando você livre para suas atividades **é fazer a dobradinha**:

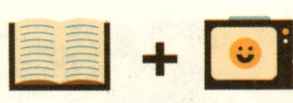

LIVRO + FILME

Capítulo 8

A rotina ideal para o equilíbrio no tempo de telas e um **bom desenvolvimento** dos filhos.

Como funciona?

1. Recorte e cole com seu filho *cards* de cada atividade para organizar a rotina. Filhos alfabetizados podem escrever as atividades, se preferirem.

2. Você ajuda seu filho a preparar cronograma de forma a **garantir atividades que não podem faltar** em cada período do dia. Seguem, nas próximas páginas, as atividades que **não devem ser negociadas**. Conforme for cumprindo as atividades, seu filho usa o espaço ao lado para desenhar um *emoji* sorrindo ou um simples.

3. Preparamos um arquivo de PDF caso você queira imprimir mais cópias do cronograma ou dos *emojis*. É **só apontar seu celular para o QRcode abaixo** para acessar:

WWW.SOSEDUCACAO.COM.BR/**MATERIALGUIAPARAFAMILIAS**

Pontos fundamentais

QUE NÃO DEVEM SER NEGOCIADOS EM HIPÓTESE ALGUMA

 Responsabilidade em casa

 Tempo de Estudo

 Atividade Física

 Hora da leitura

Horário de ir para a cama
(importante: não precisa, inicialmente, dormir, se não estiver com sono. Precisa ir para a cama nesse horário sem celular, *tablet* ou *videogame*)

Hora de brincadeira no concreto
Momento para jogos e conversa em família — com todos participando simultaneamente. Incluir jogos de tabuleiro, baralho, dominó e brincadeiras que os pais resgatem da sua infância e ensinem aos filhos para que todos se divirtam juntos.

O horário das refeições
Assim como do banho, não precisa estar no cronograma. Sabemos que não há perigo de ser esquecido pela família. Certo? Eles só devem entrar no cronograma caso sejam desafio na sua casa. Nesse caso, inserir como parte da rotina junto com seu filho aumenta a responsabilidade dele para cumprir. Lembrando sempre da regra: **refeições sem tela.**

Cronograma do (a) _____

	Manhã		Tarde		Noite	
Sexta-feira						HORA DE DEITAR __:__
Quinta-feira						HORA DE DEITAR __:__
Quarta-feira						HORA DE DEITAR __:__
Terça-feira						HORA DE DEITAR __:__
Segunda-feira						HORA DE DEITAR __:__

Recorte e cole os emojis na sua rotina

Capítulo 9

Colocando a rotina em prática, seja qual for o estado de humor, cansaço ou remorso **pelo que você fez** ou **deixou de fazer** naquele dia.

Além das nossas próprias questões emocionais, como separação, desemprego, solidão, sobrecarga de responsabilidades, insegurança sobre o futuro, temos filhos a educar. A educação de nossos filhos não tem botão de pausa. Consistência é um fator essencial para criar filhos capazes de conviver em sociedade e ter um relacionamento positivo com a escola e os estudos. Por mais que seu dia seja corrido, que sua vida esteja em uma fase difícil, é necessário dar aos filhos o que eles precisam, e não o que sobra de nós depois de lidar com todos os outros fatores do dia a dia. Para conseguir manter essa consistência, é necessário pensar além do momento em que estamos com nossos filhos, quando tivermos que tomar alguma decisão sobre que caminho seguir.

Estar cansado/a porque teve um dia difícil não é justificativa para deixar que seu filho não cumpra as regras da casa. Deixar que seu filho fique mais tempo no *vídeogame*, *tablet* ou TV para compensar algo que você gostaria de ter feito, mas não conseguiu não traz benefícios para ninguém.

Colocar e tirar regras de acordo com seu estado de humor gera nos filhos um constante estado de alerta, de autodefesa e insegurança.

O resultado final é baixa capacidade de concentração, resistência em assumir responsabilidades, baixa autoestima e necessidade constante de caos para sentir-se seguro. Conforme crescem, todos os aspectos negativos tomam proporção maior na formação da personalidade e na relação com familiares, colegas e professores.

Ir para a escola e fazer o dever de casa devem ser responsabilidades dos filhos, esteja frio ou calor, em dias mais tranquilos ou mais corridos. Demonstrar orgulho, ao invés de pena pelo esforço, faz toda diferença!

Assim como na relação dos adultos com o trabalho, alguns dias a ida para a escola e o cumprimento dos deveres de casa requerem maior esforço. Nesses casos, ao invés de ficar com pena do seu filho, demonstre orgulho pela energia que ele colocou para cumprir a responsabilidade que é dele. Da mesma forma, não é benéfico para nossos filhos, sejam eles crianças ou adolescentes, trocar a ida para a escola ou a lição de casa como prêmio ou forma de compensação por algum estresse ocorrido. Ir para a escola nunca deve ser negociado.

Quando o clima estiver pesado e bater aquela vontade de não ir para a escola, os pais podem ajudar criando um ambiente mais leve. Músicas divertidas no caminho para a escola, conversas que relembrem momentos bons em família ou você contar sobre situações engraçadas vividas durante sua infância são algumas maneiras de mudar o humor dos filhos.

Mesmo que bata aquele remorso por alguma briga ou estresse do dia anterior, nós, adultos, precisamos controlar a vontade de compensar a situação tirando a responsabilidade que é do filho. Você pode combinar de fazer algo divertido depois da aula, mas permitir que seu filho não vá à escola ou deixe de fazer a lição não deve ser uma opção.

O fundamental é que a escola seja mantida como prioridade. Depois da aula, você valoriza aquele dia e a dedicação de todos. Isso vai ajudar a manter os estudos no patamar de valorização que precisa ter.

E vai também levar ao seu filho a mensagem da importância que ele tem, pois há responsabilidades que só ele pode cumprir. Situações de estresse, doença, tristeza fazem parte da vida e não há problema em dividir isso com seu filho, respeitando a maturidade que ele tem e compartilhando somente o necessário.

Apesar dos perrengues do dia a dia, o amor entre os membros da família e a responsabilidade de cada um devem ser os pontos de união entre todos.

Todos nós passamos por fases que depois nem sabemos como demos conta. Antes de sermos pais, somos pessoas, com medos, anseios, frustrações. E tudo bem nossos filhos saberem disso.

A tendência que temos é evitar que percebam. A realidade, porém, é que filhos sentem de longe quando algo não vai bem com os pais. Não se preocupe em demonstrar seus sentimentos, dizer que não está bem, que precisa de um tempo para você. Quando somos sinceros, conseguimos nos aproximar mais de nossos filhos. Mostrar seu lado frágil, desde que respeitando a idade ou maturidade da criança/adolescente, não gera trauma algum.

Aproveite o momento para pedir ajuda. Explique o quanto seu filho cumprir as responsabilidades dele já é uma forma de ajudar você nesse momento. Muitas vezes fazemos o contrário, na tentativa de poupar as crianças de momentos mais tensos que estamos enfrentando. Assumimos sozinhos tarefas que poderiam ser compartilhadas pela família toda, tornando mais leve seja qual for a situação no momento.

É saudável que seu filho saiba que você teve um dia difícil ou que está passando por uma fase complicada. Porém, em vez de flexibilizar os combinados, peça ajuda e divida responsabilidades!

E os filhos, para a surpresa dos pais, entendem o momento e gostam da confiança que depositamos neles. Mais que do que ajudar os pais, nesses momentos aprendem sobre empatia e solidariedade: habilidades que não podem ser ensinadas senão pela prática.

E mais do que fazer bem para os pais, a situação toda acaba deixando os filhos mais preparados para os desafios que fazem parte da vida, inclusive desde muito cedo na convivência com colegas e desafios vividos ao longo da vida de estudante. Sabe aquela história de fazer do limão uma bela limonada? Então, seus momentos mais difíceis podem se tornar a limonada que vai matar a sede por um longo período na vida de todos vocês!

Deixe de lado tantas explicações lógicas e sermões infinitos para convencer seu filho a cumprir o que vocês já combinaram!

Gaste o tempo que for necessário na hora de fazer os combinados, dividir as responsabilidades, lembrar que a escola é prioridade.

Ajude seu filho no início e coloque-se à disposição para explicar e ajudar sempre que for preciso. Só não faça por ele aquilo que ele é capaz de executar e o que vocês combinaram que seria responsabilidade de cada um.

A correria do dia a dia, muitas vezes, nos leva a sair fazendo tudo para ganhar tempo ou para evitar o estresse de lembrar aos filhos que aquilo é tarefa deles. Ou, em muitos casos, os pais passam a gastar uma enorme energia com explicações intermináveis, na tentativa de convencer o filho a cumprir o que já foi combinado.

Só que explicações longas demais, nesse momento, acabam se tornando muito cansativas para os ambos, pais e filhos. Quanto mais você fala, mais seu filho percebe uma certa insegurança de sua parte ou a dúvida de que seu filho seja capaz de cumprir o combinado.

O final da história será seu filho cumprindo a expectativa que você tiver: não faz porque percebeu que de fato ninguém acreditava que ele faria. Ao se controlar e falar menos, você consegue usar sua energia para demonstrar que não vai se abalar, porque acredita na capacidade do seu filho em cumprir o que vocês combinaram.

Uma mudança sutil na postura dos pais pode gerar um grau maior de autoconfiança nos filhos.

Use sua energia brincando, ouvindo o que seu filho tem para contar. As responsabilidades de cada um devem ser cumpridas e não discutidas todos os dias. Quando as tarefas compartilhadas na rotina da família tornam-se um pressuposto, o processo de aprendizagem formal fica mais leve e o gosto pelos estudos flui de maneira mais natural e positiva.

Colocar e tirar regras de acordo com seu estado de humor gera no seu filho um constante estado buscando por estratégias que possam gerar desequilíbrio nos pais.

O resultado final é...

resistência em assumir responsabilidades;

baixa capacidade de concentração;

e necessidade constante de caos para sentir-se seguro.

Ir para a escola Fazer o dever de casa

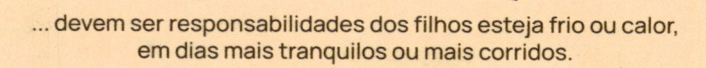

... devem ser responsabilidades dos filhos esteja frio ou calor, em dias mais tranquilos ou mais corridos.

 Mesmo que bata aquele remorso por alguma briga ou estresse do dia anterior, nós adultos precisamos controlar nossa vontade de compensar a situação tirando a responsabilidade que é do filho.

 Você pode combinar de fazer algo divertido depois da aula, mas permitir que seu filho não vá à escola ou deixe de fazer a lição são opções com consequências bastante negativas.

Todos nós passamos por fases que depois **nem sabemos como demos conta.**

Antes de sermos pais, **somos pessoas** e enfrentamos desafios, anseios, frustrações.

E tudo bem nossos filhos saberem disso.

  Aproveite o momento para pedir ajuda. Explique o quanto cumprir as responsabilidades já é uma forma de ajudar você em momentos difíceis.

Muitas vezes fazemos o contrário, na tentativa de poupar as crianças de momentos mais tensos que estamos enfrentando. Assumimos sozinhos tarefas que poderiam ser compartilhadas pela família toda, tornando mais leve a situação.

Deixe de lado tantas explicações lógicas e sermões infinitos para convencer seu filho a cumprir o que vocês já combinaram!

Gaste o tempo que for necessário na hora de fazer os combinados e de dividir as responsabilidades.

Ajude seu filho no início e coloque-se à disposição para explicar e ajudar sempre que for preciso.

Só não faça por ele aquilo que ele é capaz de executar e o que vocês combinaram que seria responsabilidade de cada um.

Capítulo 10

Frases com **impacto negativo** na relação dos filhos com os estudos.

> Ele tem uma personalidade forte.
> Quando quer alguma coisa, não tem jeito!

Muitas vezes ouvimos pais de alunos usarem essa justificativa quando os filhos têm comportamento inadequado na relação com professor ou colegas na escola.

Um aluno que não consegue conviver de forma tranquila no ambiente escolar tem enorme chance de, mais cedo ou mais tarde, apresentar uma série de dificuldades na aprendizagem e na relação com os estudos.

Aos pais, pedimos que reflitam um pouco sobre o que significa "ter uma personalidade forte". Em geral, essa criança ou adolescente tem problemas em identificar limites e no respeito a regras e diferenças de opinião, cultura ou mesmo físicas.

Ao ouvir repetidas vezes os pais justificarem seu comportamento como algo relacionado à personalidade, o filho passa a acreditar que 1) não há como mudar e 2) que essa é a atitude que se espera dele.

A escola dificilmente vai conseguir ajudar esse aluno a desenvolver todo seu potencial de aprendizagem e crescimento emocional, a menos que os pais aceitem que precisam fazer ajustes na rotina e na educação oferecidas dentro da família.

Comece por estabelecer limites, com carinho e respeito, ao invés de justificar atitudes que demonstram falta de flexibilidade e de controle emocional.

Peça ajuda e elogie o esforço do seu filho, mesmo nas atividades mais simples. Isso ajuda a equilibrar a autoestima, enquanto elimina o clima permissivo que até este momento reinava dentro de casa. Para saber se está no caminho certo, substitua o termo "personalidade forte" por características positivas do seu filho quando for falar sobre ele.

Seja firme e respeitoso ao estabelecer os limites. E lembre-se de que nada como o exemplo para ensinar o respeito! A relação com os estudos vai ser beneficiada e a convivência em família será mais tranquila ao longo de toda a vida! Essa afirmação de que seu filho só come se tiver o celular ou *tablet* prejudica, e muito, a relação dele com o aprendizado formal, com a escola e amigos.

Uma relação saudável com os estudos requer capacidade de foco e concentração. Mas a habilidade de se concentrar em uma atividade de cada vez não é desenvolvida no momento da aprendizagem. Ela é aprendida na rotina da família e depois transferida e aprimorada nos momentos dos estudos.

Assistir a desenhos, filmes, jogos enquanto faz a refeição aumenta ainda mais a necessidade de diversos estímulos simultâneos – exatamente o oposto daquilo que nossos filhos precisam nos dias atuais: aprender a fazer uma coisa de cada vez.

Além disso, o processo de aprendizagem requer o uso de recursos armazenados na memória de longo prazo.

A hora da refeição é uma excelente oportunidade para enriquecer a memória, a partir das interações com pais, irmãos, cuidadores, avós.

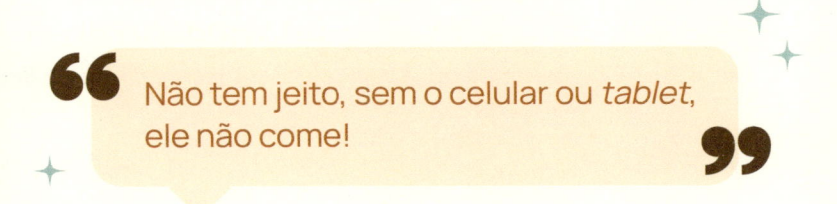

> **Não tem jeito, sem o celular ou *tablet*, ele não come!**

Conversas em família, oportunidade de observar os adultos, sentir a textura e sabor da comida, aprender o nome dos alimentos e suas características, tudo isso se transforma em memórias que serão utilizadas no aprendizado formal, na escola e em outras vivências.

Uma criança que come distraída por uma tela perde toda essa chance de enriquecer sua memória e desenvolver maior capacidade de foco e concentração.

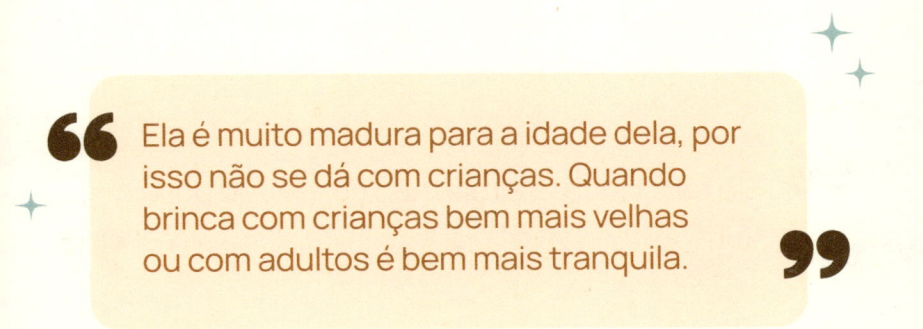

> **Ela é muito madura para a idade dela, por isso não se dá com crianças. Quando brinca com crianças bem mais velhas ou com adultos é bem mais tranquila.**

Uma informação importante: seu filho nunca é maduro demais para brincar com amiguinhos da idade dele.

O fato de preferir crianças bem mais velhas, ou adultos, revela exatamente o contrário: falta de habilidades para o desafio que a convivência social representa. Com famílias menores, sendo filho único ou tendo somente um irmão, a criança acaba por crescer em um ambiente no qual ela é sempre a primeira (a jogar, a comer, a escolher, a falar), a que vence, a que começa e a pessoa que decide encerrar a brincadeira.

Esse ciclo só se mantém se esta mesma criança estiver com uma pessoa mais velha, que terá sempre a atitude condescendente de se anular e compreender. Outra criança da mesma idade vai requerer um esforço emocional e flexibilidade que nossos filhos precisam de oportunidades para desenvolver. Na escola, como a criança estará sempre em turmas de alunos com a mesma idade, ou ela se recusará a participar das interações que mais geram aprendizado ou criará situações de conflito ao não saber como interagir diante dos desafios.

A dica é buscar situações em que seu filho possa interagir com outras crianças desde muito pequeno. É nessas situações que os pais ajudam o filho a entender que é preciso compartilhar a atenção, o brinquedo, o desejo de ser o primeiro. Aproveite situações do dia a dia. Mesmo tendo só um filho, divida com ele a bolacha, o suco, a vez de começar a brincadeira, o lápis de cor. Seu filho aprenderá a lidar com a frustração e desenvolverá habilidades como flexibilidade, empatia, paciência e persistência desde muito pequeno. Assim, brincar com crianças da mesma idade ou maiores será sempre uma boa experiência, cada qual com diferentes desafios e oportunidades de aprendizado. Aí sim, seu filho será maduro o suficiente para enfrentar os desafios da aprendizagem formal e todas as adversidades que a vida trouxer!

Toda criança saudável tem muita energia. E isso é ótimo. Mas usar essa frase na frente do seu filho, quando ele está se comportando de forma inadequada, em locais públicos ou na casa de amigos e familiares traz prejuízos para a própria criança.

Ele tem muita energia, não consegue parar quieto de jeito nenhum!

Primeiro, porque o que ela assimila, ao ouvir repetidas vezes essa fala dos próprios pais, é que este é o comportamento que esperam dela.

Segundo, porque depois de ouvir das pessoas em quem ela mais confia que ela "não consegue parar quieta", isso se torna a verdade na qual ela também passa a acreditar. O grande problema é que os pais que têm essa crença em relação aos seus filhos têm dificuldade em ajudar a criança a desenvolver habilidades que são fundamentais para que ela consiga parar e focar em uma atividade de cada vez. Em casa, acostumam-se com um ambiente sempre agitado e estressante. Quando saem, gastam sua própria energia implorando para os filhos se acalmarem ou explicando o quanto são crianças "que não param quietas".

A realidade é que elas não são crianças que têm sobra de energia. São filhos com falta de habilidades: falta paciência, capacidade de concentração, persistência, resiliência.

O funil acaba sendo a fase de alfabetização, na escola. Neste momento, desesperados pela dificuldade da criança em aprender a ler e escrever, dá-lhe correr atrás de diagnóstico que possa trazer um certo alívio. Mas, na grande maioria dos casos, não há déficit algum – a não ser o de algumas habilidades e competências de convívio social.

Por mais que pais e professores se preocupem e sofram as consequências desse déficit, é a própria criança a grande prejudicada. Felizmente, nunca é tarde para fazer pequenos ajustes em casa e ajudar para que seu filho mantenha toda a energia que faz parte de cada fase do desenvolvimento e ainda assim, construa recursos para conviver socialmente de forma saudável.

Capítulo 11

Distúrbios de aprendizagem e inclusão.

Os transtornos de aprendizagem podem ser a justificativa para o aluno ter muitas dificuldades na relação com os estudos ou o gatilho para que ele desenvolva seu potencial máximo. Nós, pais, podemos influenciar nossos filhos a desenvolver seu potencial máximo, apesar de qualquer distúrbio de aprendizagem a ser enfrentado. Lembrando que somente um especialista pode confirmar o diagnóstico de qualquer distúrbio de aprendizagem. Graças ao avanço da ciência e da tecnologia, hoje em dia é possível descobrir se um aluno, seja adolescente seja criança, tem algum distúrbio de aprendizagem. A criança que apresenta algum distúrbio de aprendizagem apenas tem a necessidade de aprender de uma forma diferente da tradicional.

Seja qual for o transtorno que ela enfrenta, é possível ajudar para que a relação com os estudos seja tranquila, desde que haja um esforço conjunto da família e da escola para oferecer ao aluno o suporte necessário.

Em geral, o aluno só precisa descobrir que caminhos seguir para contornar ou superar os desafios que cada tipo de dificuldade trará a ele. O grande problema acontece quando esse aluno é rotulado por causa da dificuldade que ele eventualmente apresente. Ou ainda que a usem como justificativa para que ele estude menos ou obtenha privilégios que, na realidade, vão se tornar armadilhas que o impedirão de ter seu pleno desenvolvimento. Trazemos aqui alguns desafios de quem tem Dislexia, Déficit de Atenção e Hiperatividade (TDAH), Discalculia, Disgrafia e Distúrbio do Processamento Auditivo Central. Nossa intenção é trazer estratégias para as famílias conseguirem ajudar os filhos a entender que desafios o transtorno de aprendizagem gera e como contornar os obstáculos que surgirem ao longo da vida de estudante.

O ponto principal a ser lembrado pelos pais e responsáveis é que em situação alguma o aluno está fadado ao fracasso nos estudos. Cada estudante tem um potencial que pode ser desenvolvido quando a família e a escola se unem e mostram ao aluno o quanto acreditam que ele consegue.

E não há melhor forma de mostrar que acreditamos do que fazer os ajustes necessários para que toda criança ou adolescente elimine do seu caminho qualquer barreira para o aprendizado. Para nós, familiares, fica o desafio de não tratar o filho com pena ou como se fosse menos capaz por causa do diagnóstico positivo de algum distúrbio. Sentir nas posturas, palavras e atitudes das pessoas a quem mais amamos e em quem mais confiamos a mensagem de piedade é devastador. Isso sim pode gerar baixa autoestima e sensação de ser incapaz. E esses sentimentos, como consequência, podem levar ao fracasso na aprendizagem. Vamos juntos ajudar seu filho a transformar o desafio que ele tem a enfrentar em um superpoder só dele!

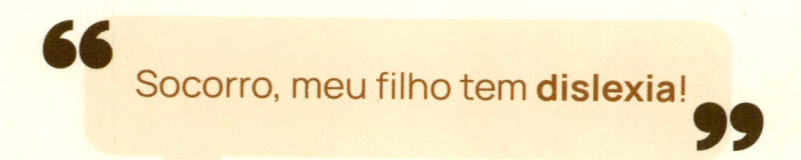

Socorro, meu filho tem dislexia!

Dislexia é a dificuldade em conectar os sons de uma palavra com as letras que representam esses mesmos sons. Na prática, a leitura é o ponto mais afetado. Aparecem as trocas ou omissões de letras, inversão de sílabas, lentidão na

Diversidade

Igualdade

Equidade

Inclusão

Ilustração: Guilherme Bento

Adaptação da Imagem Original de Craig Froehle

leitura, linha que é pulada ao ler um texto. Como a leitura é a base para o aprendizado, surgem as dificuldades na escrita e também nas outras matérias, que não a gramática ou literatura. O desafio é não deixar que o aluno disléxico acredite que ele está fadado a ter dificuldades de aprendizagem por causa do esforço maior que a leitura exige dele. É fundamental não tentar poupar seu filho dos momentos de leitura em casa.

Quanto mais estratégias ele criar, mais bem-sucedido ele/a será. Incentive a leitura de histórias em quadrinhos. Embora tenha o desafio de letras pequenas e próximas, é uma leitura leve e de textos curtos. Aproveite o tempo de trânsito para fazer jogos e brincadeiras com letras de placas de carro e letreiros de estabelecimentos comerciais. Sugira para seu filho ler sozinho, no quarto, em voz alta, gravando o que leu e depois ele pode usar aquele áudio para estudar ou revisar a matéria. Sempre, em todas as oportunidades que tiver, mostre o quanto você acredita que ele é capaz de superar os desafios de aprendizagem que vierem.

Socorro, meu filho tem dislexia!

O esforço maior colocado na leitura vai ajudar para que ele mesmo descubra estratégias que funcionam melhor. Incentive-o a usar a criatividade para formar músicas com a matéria que precisa lembrar ou imagens mentais que facilitam recordar o que ele estudou. Nos momentos de lazer, leia ou assista com ele documentários ou biografia de pessoas que conseguiram superar os desafios da Dislexia. Entre disléxicos famosos estão Walt Disney, Albert Einstein, Leonardo DaVinci, Steven Spilberg. Não há limites para o que seu filho pode alcançar quando a família e a escola seguem de mãos dadas em busca de caminhos para estimular o aluno a continuar se esforçando.

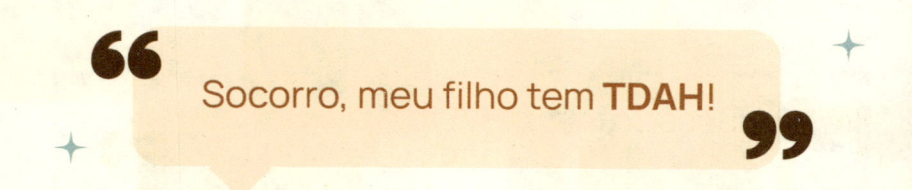

Socorro, meu filho tem **TDAH**!

O Transtorno de Déficit de Atenção e Hiperatividade caracteriza-se por sinais constantes de inquietação, impulsividade e falta de concentração. É preciso todo cuidado para que questões de comportamento que podem ser modificadas a partir de simples ajustes na rotina não sejam confundidas com esse transtorno. O TDAH deve ser diagnosticado por especialistas. A dica para os pais, no caso de filhos que tiveram o diagnóstico confirmado, é não tratar o filho como se tivesse uma doença, mas sim manter o foco na capacidade de superação dos desafios que o transtorno vai gerar.

Uma vida equilibrada, com rotinas estruturadas, consistentes e limites definidos, ajuda os filhos a desenvolver seu potencial máximo nos estudos, apesar do transtorno. Para focar nos estudos, seu filho precisa aprender a fazer uma coisa de cada vez em outras situações. Na hora de brincar, a TV fica desligada. Quando for assistir à TV, brinquedos guardados. No momento das refeições, qualquer tela deve estar desligada. As refeições representam excelente oportunidade para conversar sobre assuntos que sejam de interesse do seu filho.

Esportes e atividades físicas são essenciais para que uma criança ou adolescente diagnosticada com TDAH aprenda como direcionar sua energia à atividade em que precisa focar. Nunca, jamais, use o diagnóstico de TDAH como justificativa para não gostar de estudar. É fundamental que seu filho perceba que você acredita na capacidade que ele tem de vencer os desafios que fazem parte do processo de aprendizagem. Alguns vão requerer mais esforço por parte dele, mas são totalmente possíveis de serem superados. Jogos de tabuleiro, caminhadas ao ar livre, sentar para assistir junto com seu filho o desenho ou série que ele gosta, sem outras interferências no ambiente, são também formas de ajudar para que ele amplie, aos poucos, a capacidade de foco e concentração. Quanto mais seu filho tiver oportunidades para praticar a concentração em casa, mais ele vai conseguir transferir essa habilidade para o momento da aula e da convivência com os colegas na escola. Família e escola precisam se apoiar e nunca acusar um ao outro pelas dificuldades enfrentadas. O desafio é de ambos para que esse aluno consiga descobrir que caminhos minimizam o impacto do TDAH e o ajudam no processo de aprendizagem.

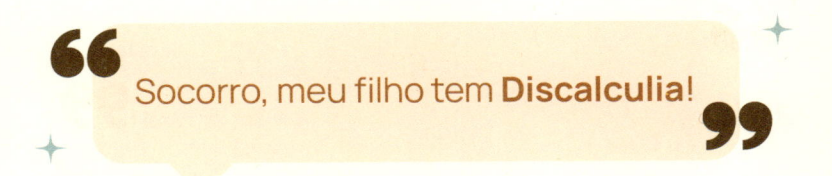

" Socorro, meu filho tem **Discalculia!** "

Discalculia é um distúrbio de aprendizagem que afeta a relação do aluno especialmente com a matemática. Calma, pai/mãe. Nada de parar a leitura neste ponto e concluir que é esse o problema do seu filho, já que ele não gosta de matemática. A Discalculia não é a falta de amor pela matemática. Nem a dificuldade de um aluno que não faz a lição ou nunca tem momentos de estudo em casa. Discalculia é a dificuldade em aprender matemática, apesar de estudar e se esforçar na tentativa de compreender os conteúdos. O diagnóstico, assim como nos outros distúrbios de aprendizagem, só pode ser feito por um especialista. Uma estratégia para os pais é ajudar trazendo o uso da matemática no dia a dia da família. Seu filho tem a oportunidade de usar a matemática em situações reais ao ajudar nas compras do supermercado, ficar responsável por controlar os gastos com contas de água e luz, ajudar na preparação de uma receita de bolo ou comida. Esses são apenas alguns exemplos de como a matemática pode deixar de ser "aquela matéria da escola" e passar a ser mais um elemento da vida da criança ou adolescente. No caso de reformas em casa, mudança ou reorganização dos móveis, peça ajuda para seu filho. Ele pode medir o sofá, a mesa e o espaço disponível para propor a melhor distribuição no ambiente. Aí tem matemática também. Além de buscar ajuda de um psicopedagogo, os pais podem fazer uma grande diferença para que o filho supere os desafios impostos pela Discalculia.

Ser paciente, não usar rótulos ou afirmar que o filho não leva jeito para matemática são caminhos simples que fazem toda a diferença. E, novamente, a parceria com a escola será sempre a melhor estratégia para ajudar seu filho a descobrir e construir seu próprio caminho para uma relação tranquila com a matemática!

 ## Socorro, meu filho tem **Distúrbio do Processamento Auditivo Central!**

O Processamento Auditivo Central é o que o cérebro faz com aquilo que os ouvidos ouvem. Caso as habilidades auditivas não sejam plenamente desenvolvidas, a criança ou adolescente pode enfrentar problemas na aprendizagem em virtude da dificuldade de focar, localizar um som ou ignorar outros barulhos no ambiente, memorizar sequência de sons ou distinguir um som do outro. A consequência aparece em forma de desatenção, dificuldade de concentração e baixa autoestima. Isso gera um relacionamento negativo com os estudos, que muitas vezes acaba sendo tratado como preguiça de estudar ou falta de interesse na aprendizagem. Como o Distúrbio do Processamento Auditivo Central foi descoberto há pouco tempo, muitas vezes a suspeita é somente de déficit de atenção, que pode surgir em consequência do desafio que o processamento dos sons representa para aquele aluno. A ótima notícia é que este distúrbio pode ser totalmente eliminado com o acompanhamento de um fonoaudiólogo e um psicopedagogo.

A prevenção ocorre com boa alimentação desde a primeira infância e com estímulos auditivos envolvendo músicas, leitura, estímulos auditivos de volume e intensidade adequados para cada idade. O desafio que fica para a família é não justificar, diante dos próprios filhos, a falta de responsabilidade e esforço na aprendizagem com o diagnóstico do DPA. Uma rotina de estudos organizada, equilibrada com atividade física, passeios ao ar livre e utilização de tecnologia em nível de tempo saudável servem como antídotos para amenizar os desafios que o transtorno pode trazer no envolvimento com os estudos. Seu filho é capaz de aprender e ter uma vida totalmente saudável e feliz, apesar dos desafios que um diagnóstico positivo de DPA possa trazer!

> Socorro, passei por vários especialistas e não encontraram o que pode estar causando tanta **dificuldade nos estudos** e nas **relações com os amigos**!

Quando algum aluno apresenta dificuldades no relacionamento com os colegas ou nos estudos, a escola pode sugerir que os pais procurem ajuda de algum especialista. Os pais, apavorados, depois de passar por vários especialistas, ficam desanimados, sem saber como seguir, diante de diagnósticos negativos. Afinal, se não há nada que possa ser medicado ou tratado por um especialista, como ajudar essa criança ou adolescente?

A rotina acelerada que vivemos hoje e o dia a dia sem limite de horários e com excesso de estímulos digitais afetam a capacidade que temos de lidar com desafios que fazem parte do processo de aprendizagem.

Eis o porquê não adianta comparar seu filho com o aluno que você foi, quando o ritmo de vida era outro. No caso de diagnóstico positivo para alguma síndrome ou distúrbio, é preciso seguir as indicações dos especialistas, conversar com a escola e jamais deixar que seu filho conclua que ele tem um problema que o impeça de aprender. Os distúrbios de aprendizagem representam desafios que precisam ser enfrentados sem medo, com estratégias que minimizem os impactos na vida do aluno. O que conta de fato é a parceria entre a escola e a família para que o aluno perceba o quanto é capaz e coloque o esforço necessário para vencer cada desafio que vier. E quando o diagnóstico é negativo, é hora de rever a rotina da família, pai e mãe. Depois de confirmar que não há qualquer síndrome ou distúrbio, o ajuste de momentos da rotina da família é o que seu filho precisa. Muitas vezes, questões simples do dia a dia em família estão gerando o impacto negativo nos estudos: falta de rotina com horário de ir para a cama, limites claros, estabelecidos com carinho e respeito, momentos para conversa e brincadeira em família são alguns exemplos simples de ajustes com alto impacto no desenvolvimento do seu filho.

Busque ajuda para você, mãe/pai, quando a educação do filho se tornar um desafio pesado demais dentro de casa. Você não está sozinho!

Inclusão: um direito de todos, um dever que nós, adultos, precisamos lembrar de cumprir todos os dias!

Não importa o quanto você se considera uma pessoa do bem. Fomos criados em um mundo absolutamente preconceituoso e muito disso ficou dentro de nós, agindo de forma sorrateira.

O primeiro passo para ajudar nossos filhos a serem adultos melhores do que somos é admitir que nossa infância e juventude foi mal nesse aspecto. Era comum rotular pessoas como se isso fosse de alguma forma engraçado. Definir quem "era normal" ou não com base em fatores totalmente contraditórios. Crescemos em um mundo no qual as piadas que desvalorizavam alguma característica física de um grupo eram tidas como normais. Raça, gênero ou religião diferentes dos nossos eram abertamente criticados como se as pessoas "certas" fossem somente aquelas que compartilhavam das mesmas características, crenças, costumes ou etnia. Na tentativa de proteger os filhos, os pais muitas vezes mantinham escondidos dentro de casa aqueles que tinham alguma deficiência. Sem acesso aos mesmos direitos, acabavam não desenvolvendo seu potencial e as pessoas buscavam no adulto que se tornavam a confirmação das crenças que haviam sido plantadas. O desafio da inclusão e da educação sem preconceitos começa dentro de casa. Muitas pesquisas provam que atitudes, posturas e vocabulário preconceituosos dos pais falam mais alto do que qualquer discurso politicamente correto. Mesmo o tom de voz que os pais usam ao dirigir a palavra a determinada pessoa ou ao se referir a um grupo social são capazes de formar o comportamento preconceituoso em uma criança. Assim como nosso desejo imenso de proteger nossos filhos que têm alguma deficiência também gera neles um sentimento de não serem capazes de desenvolver um enorme potencial que está ali, em algum ponto esperando ser estimulado para se revelar.

Já sentiu aquele frio na barriga, achando que seu filho ia fazer uma pergunta "inadequada" bem na frente daquela pessoa que ele achou "diferente"?

Crianças fazem perguntas que podem ser constrangedoras. A reação dos pais é tentar fugir da resposta. Fazer gestos pedindo silêncio só faz com que a criança fique ainda mais curiosa e ainda acrescente um elemento do estimulante "proibido" ao assunto. Prevenir, nesse caso, é tão simples quanto desafiador, e possível! Só gera curiosidade aquilo que é novo ou diferente. Uma criança que pergunta sobre a cor ou deficiência de outra pessoa não está sendo preconceituosa. É simplesmente a maneira de lidar com o diferente. Como evitar? Você não evita a curiosidade da criança, evita que um outro ser humano seja visto como algo inusitado ou curioso. O estranhamento acontece quando a criança convive somente com pessoas parecidas demais com vocês. Veja desenhos, leia livros, assista a vídeos, visite parques e praças onde pessoas de origens diferentes estejam presentes. Valorize aspectos culturais de povos e religiões diferentes das suas. Destaque obras de arte, músicas, feitos que deixaram marca para a humanidade e fale sobre as pessoas que tiveram participação nesses legados. Ensine seu filho a gostar de gente. Quando ele olhar para um cadeirante, um cego, um oriental, um personagem de uma tribo africana como uma pessoa, com seus desafios, dores, potencial e legado que impactou de forma positiva a vida de tanta gente, todas as outras características ficam em segundo plano. Quando tivermos consciência de que todas as pessoas são capazes de exercer uma profissão e têm direito a se divertir, ajudaremos a eliminar os obstáculos que os impeçam de ir e vir, de participar, de exercer seu direito de estudante, de profissional, de ser humano. Assim trocamos a energia do preconceito pela mobilização da sociedade para que os direitos dessa pessoa sejam de fato cumpridos – não só pelo governo ou pela escola, mas por todos nós. E quanto mais pessoas exercendo seu direito de ir e vir, menos intrigantes ficam as diferenças.

Para ajudar seu filho a enfrentar situações em que ele presencie ou seja vítima de preconceito, não diga que "somos todos iguais".

Muitas vezes dizemos para nossos filhos que todas as pessoas são iguais, por isso devem ser tratadas com o mesmo respeito.

Uma criança que sempre ouve dos pais que "todos merecem respeito, pois somos todos iguais", vive um conflito interno quando se percebe com habilidades, aparência, altura, sotaque, costumes, cor de pele, estrutura familiar diferente das outras crianças com quem convive. Isso também acontece quando ela recebe na escola um colega que seja, de alguma forma específica, diferente do grupo, em geral tão homogêneo da sala de aula. A verdade é que essa afirmação carrega a mensagem contrária àquela desejada. Não é pelo que temos de semelhante que devemos respeitar outras pessoas. É exatamente por sermos todos diferentes que precisamos aprender a respeitar uns aos outros e de fato acreditar que somos todos capazes de conviver em harmonia. Se nossos filhos crescem com a consciência de que mesmo aqueles que se parecem fisicamente conosco são pessoas diferentes, com crenças, valores, gostos e aspirações variadas, mudamos completamente a expectativa e a relação que construímos com cada pessoa nova com a qual interagimos. Já parou para pensar no quanto seria mais fácil a convivência, até mesmo dentro da própria família, se mudássemos esse padrão de pensamento tão arraigado dentro de nós? Quando o pressuposto é de que todos somos iguais, as diferenças segregam. Todo mundo busca o conforto nas semelhanças. Se nosso modelo mental nos disser que todos somos diferentes, passamos a buscar as semelhanças em pontos que não podem ser vistos a olhos nus. Nasce então, naturalmente, a necessidade de conhecer o outro, encontrar nossos pontos comuns e respeitar as diferenças.

Quanto ao que os olhos veem, que sirva de pista para pensar como deixar nosso mundo acessível a todos, sem obstáculos que dividam, separem, segreguem. E viva a diversidade.

Existem outras situações em que embora a tentativa seja de ajudar, acabamos reforçando os estereótipos e preconceitos que, de tão arraigados, acabamos não enxergando em nós mesmos. Um exemplo disso vem do esforço conjunto de pais ou escolas que reúnem seus filhos e colegas da classe para fazer ações sociais. Pode ser levando doações a comunidades carentes, asilos, instituições de atendimento especial ou orfanatos. Se o grupo que leva a doação é composto de um único biotipo de crianças e adultos e a instituição ou comunidade que recebe a doação em sua maioria tem um biotipo diferente, a mensagem que ficará marcada para as crianças vai carregada de preconceito também. Para evitar esse tipo de mensagem subliminar, forme grupos com pessoas de perfis diferentes, que venham de origens diversas. Vai a um asilo conversar com idosos? Além do seu filho e seus colegas de sala, convide também os filhos de funcionários do seu prédio e crianças da escola onde seu filho pratica atividade física, além de chamar seus pais e convidar alguns avós.

Para saber se você não está, mesmo que sem intenção e sem perceber, reforçando a ideia de que os iguais se unem e ajudam outro grupo de iguais, imagine uma foto da interação entre os dois grupos. Toda vez que for possível identificar de forma clara em uma foto quem recebeu e quem levou a ajuda, estaremos reforçando preconceito enquanto ajudamos. Incomoda bastante "ouvir" isso, eu sei. E tudo bem ter essa sensação, desde que você não tenha medo de questionar a si mesmo/a e mudar de ideia. Seu filho vai ganhar muito com seu exemplo, seja ele o aluno de inclusão ou o colega que recebe, acolhe e aprende com as diferenças todos os dias.

A inclusão que de fato sonhamos para todos não pode ser feita somente pela escola. E vamos ainda ter muitos desafios a enfrentar juntos até que sejamos parte de uma sociedade menos preconceituosa e mais aberta às diferenças, mesmo àquelas que não entendemos completamente. Nossos filhos não nascem preconceituosos.

E nem enxergam aquilo que chamamos de "deficiência" como um problema. Eles aprendem conosco posturas e atitudes que muitas vezes desenvolvemos como recurso para lidar com aquilo que nos tira o chão. Uma escola inclusiva vai ajudar seu filho a crescer livre desses medos e armadilhas que criamos para nós mesmos por não termos tido oportunidades de vivenciar a inclusão em sala de aula como ela deveria ocorrer.

Seja você o parceiro da escola que entende e estende a mão para enfrentar junto com os professores e equipe gestora tantos obstáculos que ainda impedem crianças de terem seus direitos atendidos. Os benefícios não serão exclusivos do aluno e da família que foram incluídos. Todos ganham: a escola, os profissionais envolvidos, os alunos com deficiência, as famílias desses alunos, você, seu filho e todas as próximas gerações que virão.

Nota das autoras

O **Guia Para Família Parceira da Escola** tem como objetivo oferecer sugestões de pequenos ajustes na rotina da família que trazem alto impacto no envolvimento e motivação dos filhos para a convivência social na escola e para os estudos. As estratégias sugeridas às famílias têm sua base em pesquisas recentes sobre motivação para os estudos e neurociência cognitiva somadas aos nossos quase 40 anos de experiência na educação.

Não é nosso objetivo apresentar essas pesquisas e tampouco trazer conceitos teóricos da educação. Ao contrário disso. A linguagem simples, prática e objetiva é intencional e pensada para tornar a leitura leve e as estratégias de aplicação simples no dia a dia tão atribulado e corrido das famílias. Caso seja de interesse da Família, da Gestão Escolar, do Professor ou da Equipe da Secretaria de Educação, é possível acessar o *link* para algumas das pesquisas que embasam este trabalho.

Quer saber mais sobre cada um dos assuntos deste livro?

—

Preparamos um vídeo para cada capítulo!
É só apontar seu celular para o **QRCODE** abaixo ou acessar:

 www.soseducacao.com.br/
materialguiaparafamilias

Este livro foi composto e

Times New Roman, Manrope

Freight Display e impresso e

papel Pólen Bold 90g em outubro de 202